はじめに

　介護を必要とする高齢者人口が急増しており、介護サービスは「21世紀の成長産業」と脚光を浴びています。しかし、実態をみると「成長産業」とはまったく逆の状況のようです。

　帝国データバンクによると、2014年は介護事業者の「休廃業・解散」件数が過去最高水準を記録しています。また、東京商工リサーチによると2015年1〜4月の介護事業者の倒産は、前年同期より6割も増えており、過去最多のペースで推移しているようです。

　こうしたなかで2015年度は9年ぶりの介護報酬引き下げが施行され、介護事業者の経営はさらに厳しい状況が続くと予想されています。

　介護サービスを必要とする利用者（つまりお客様）が増えているのに、なぜこうした状況が続くのでしょうか。最大の理由は、介護現場に「経営・マネジメント」が不足しているからではないでしょうか。

　「経営ってお金儲けだよね」「介護に経営なんて必要ないでしょ」という人がいます。しかし、それは誤解です。

　辞書には、「経営」とは事業を営むこと、その運営のための仕組み、と書かれています。介護の場合、人やお金などの資源を上手に活用して、介護を必要とする人に安全・安心なサービスを提供する事業を営むこと、その仕組みをつくることが「経営」なのです。

　介護という仕事には、知識や技術、そして倫理などが求められます。しかし、少子超高齢化が進み、労働力が減って社会保障費がひっ迫するなかで、これからの介護には「経営」も大切になるのです。そのため2013年には「介護福祉経営士」という新しい資格も誕生しています。

　本書は介護事業の経営・マネジメントを基礎から学ぶための入門書です。経営・マネジメントを学ぶことによって、限られた資源を駆使して地域社会に良質な介護サービスを提供し続けていただきたいと願っています。

目 次

はじめに……………………………………………………………………… i

第1章　人口の高齢化と介護サービス市場

1. 高齢化の進展と拡大する介護サービス市場………………………… 2
2. 地域包括ケアを学ぶことで地域での役割を理解する …………… 17
3. 介護人材の見通しと確保の方策……………………………………… 28
4. サービス供給主体の多様性…………………………………………… 34

第2章　介護福祉事業の基礎知識

1. 介護保険制度のしくみ………………………………………………… 52
2. 介護福祉事業経営を理解する………………………………………… 68
3. 介護福祉サービスにおける行政機関の役割………………………… 88

第3章　介護福祉事業のマネジメントの基礎を学ぼう①

1. 介護福祉サービス業経営に必要な6つの要素……………………… 98

第4章　介護福祉事業のマネジメントの基礎を学ぼう②

1. リーダーシップ論……………………………………………………… 130
2. 社会に貢献する組織をつくる………………………………………… 146

第 1 章

人口の高齢化と介護サービス市場

この章で学習した後で、以下のテーマについて話し合いましょう。

- どうなる、これからのわが街の高齢者介護
- 異業種連携による、介護保険外サービスの可能性
- 利用者主体のサービス提供を実現するためには
- 地域包括ケアで求められる・果たすべき自法人（事業所）の役割・使命
- 介護の仕事についてもらうためには
- 自法人（事業所）の人材確保の現状・課題・対策
- 福祉多元主義の中での自法人の役割

1 高齢化の進展と拡大する介護サービス市場

1. 介護サービス市場の動向と市場規模

1）要介護認定者の推移

　現在のわが国は、核家族化、少子化、平均寿命の延長など、さまざまな要因によって、自宅での家族介護だけに頼ることができない状況になっています。介護保険制度が発足する前は、主に子どもが親の介護を行っていました。しかし、介護を行うことのできる子どもの数が少なく共働きの夫婦も増加したため、家族だけで介護を担うことに限界が生じ、高齢者を社会で支えることを目標に発足したのが介護保険制度です。2000（平成12）年の発足当初の要介護認定者数は、218.2万人にとどまっていましたが、介護保険制度の発足から15年がたった2015（平成27）年5月には、600.9万人と2.7倍以上になっています（図1-1）。

　図1-1からわかるように、要介護者の増加は、要支援、要介護の差はなく、全体的に増加していることがわかります。制度導入当初は、要支援や要介護1など、軽度の要介護者の人数が多くを占めていましたが、現在では、まんべんなく増加している状況になっています。

2）サービス受給者の状況

　サービス受給者数は、認定者数の増加に伴って増加しています。2001年の居宅介護支援を受けた利用者は約128.7万人でした。また、2009～2015年の居宅サービス利用者の推移は、約286万人⇒380万人、施設サービス利用者は約83万人⇒89万人、地域密着型サービス利用者は約24万人

1 高齢化の進展と拡大する介護サービス市場

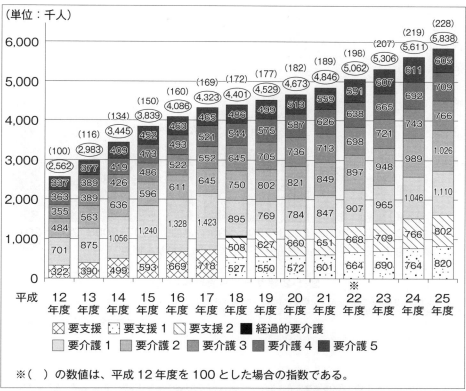

図1-1 ■要介護度別認定者数の推移

(厚生労働省：介護保険事業状況報告 年報　平成25年)

⇒39万人と、すべてのサービスで、利用者の人数は多くなっています(**図1-2**)。

3) 介護保険給付費の推移

　介護給付の総額は、利用者数の増加や介護認定の重度化に伴い、増加の一途をたどっています。またそれに伴い、被保険者の保険料も上昇しています(**図1-3**)。

　図1-3のうち、2010年までのデータは実績で、2011年以降は予算や予算案による数値ですが、2025年の数値は将来推計になります。このように、増加し続ける給付費によって保険料も増加し、国や市町村の負担増加だけでなく、国民の負担の増加も予想されます。その負担の軽減の目的のため、

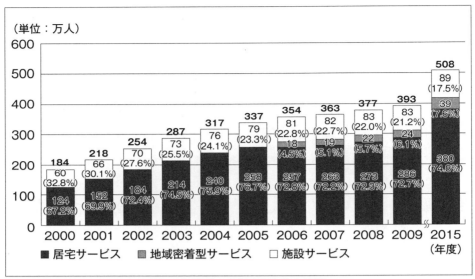

図 1-2 ■サービス受給者の推移

注1：各年度とも3月から2月サービス分の平均（ただし2000年度については、4月から2月サービス分の平均）
注2：2006年度の地域密着型サービスについては4月から2月サービス分

（厚生労働省：介護保険事業状況報告（年報）改訂）

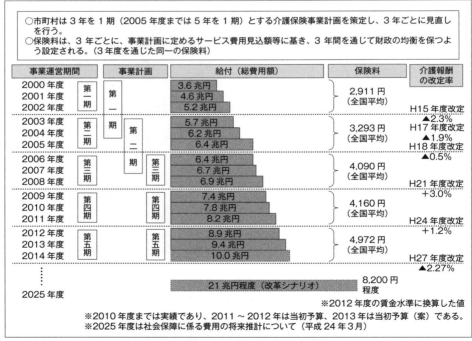

図 1-3 ■介護給付と保険料の推移

（厚生労働省：介護保険事業状況報告　月報）

平成27年度に介護報酬のマイナス2.27％の改定が行われています。

4）要介護度別サービス利用状況

介護保険サービスの利用状況を要介護度別にみると、**表1-1**のようになっています。居宅サービスは要介護度が重度になるに従い利用者数が減り、施設サービスは反対に、要介護度が重度になるに従い人数が多くなっています。

今後の介護保険制度にかかわる社会状況の変化に伴い、介護保険を利用したいと希望する高齢者が急激に増加するなかで、介護を担う人員の整備と、費用を抑えるための効率化が必要になってきます。

表1-1 ■要介護度別のサービス利用状況（受給者数）

（単位：千人）

	計	要支援1	要支援2
総数	934.2 (100.0)	415.6 (100.0)	516.0 (100.0)
介護予防居宅サービス	921.9 (99.3)	410.1 (99.3)	509.3 (99.2)
介護予防地域密着型サービス	6.9 (0.7)	2.7 (0.7)	4.2 (0.8)

（単位：千人）

	計	要介護1	要介護2	要介護3	要介護4	要介護5
総数	3,440.9 (100.0)	793.2 (100.0)	858.2 (100.0)	668.3 (100.0)	597.9 (100.0)	523.3 (100.0)
居宅サービス	2,407.4 (67.2)	706.5 (87.2)	712.6 (80.1)	448.0 (63.3)	314.3 (50.0)	226.0 (41.4)
地域密着型サービス	303.7 (8.5)	56.2 (6.9)	74.4 (8.4)	80.1 (11.3)	55.3 (8.8)	37.6 (6.9)
施設サービス	870.7 (24.3)	47.2 (5.8)	102.2 (11.5)	179.6 (25.4)	259.2 (41.2)	282.5 (51.7)

資料：厚生労働省「介護給付費実態調査月報」（平成24年1月審査分）より内閣府作成
(注1) （ ）内は要介護（要支援）状態区分別の受給者総数に占める各サービスの受給者の割合（単位：%）
(注2) 総数には、月の途中で要支援から要介護又は要介護から要支援に変更となった者を含む。端数処理等の関係上、内訳の合計が総数に合わない場合がある。
(注3) 「介護予防支援」または「居宅介護支援」のみの受給者は、「総数」には含むが「介護予防居宅サービス」または「居宅サービス」には含まない。

（内閣府：平成24年版高齢社会白書―全体版．高齢者の介護）

5）どうなるこれからの介護保険

（1） 介護保険給付の改正

上記に述べたように、要介護認定者数の増加、受給者数の増加に伴って給付と保険料が増加し、社会問題となっています。このままの制度を継続すると、2025年には21兆円規模の給付金額となってしまいます。給付費と保険料の増加の抑制を図るために、要支援者に関するサービス（訪問介護、通所介護）を「介護予防・日常生活支援総合事業」に移行するなど、平成26年に介護保険制度が大きく改正されました。図1-4に、改定後の新制度を記しましたが、くわしくは、第2章1-4「平成26（2014）年介護保険制度の改正の主な内容」p64を参照してください。

（2） 市町村介護保険事業計画

市町村介護保険事業計画には、計画の基本理念等・計画作成体制のほか、平成29年度目標値設定、要介護者等の実態の把握、日常生活圏域の設定、被保険者及び介護給付等対象サービスの現状、各年度における被保険者の

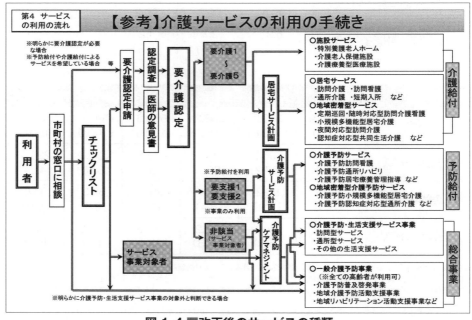

図1-4 ■改正後のサービスの種類

（厚生労働省老健局振興課：介護予防・日常生活支援総合事業ガイドライン（概要），p19，介護サービスの利用の手続き）

状況の見込み、各年度における介護給付等対象サービスの種類ごとの量の見込み及び確保のための方策など、さまざまな項目が盛り込まれました。このようなきめの細かい事業計画の策定によって、利用者への質の高いサービスの提供と同時に、給付額の抑制を図ろうとしています。

2. 介護保険施設・事業所の経営状況

1）開設主体別施設・事業所の構成割合

　介護保険制度開始前には、行政から委託を受けた事業者や社会福祉法人、医療法人など特定の経営主体が介護サービスを提供していました。しかし介護保険制度導入後は、一定の条件を満たし、都道府県などによる指定を受ければ、指定事業者として介護サービスを提供することが可能となりました。

　現在では、株式会社をはじめとして、NPO法人、医療法人、社会福祉法人、社団・財団法人、協同組合などさまざまな経営主体が介護サービスを提供しています。

　居宅サービス事業所を開設主体別の構成割合で見ると、営利法人（会社）の占める割合が高く、次に社会福祉法人が高くなっています。営利法人（会社）の割合が高いサービスは「訪問介護」「訪問入浴介護」「通所介護」「特定施設入居者生活介護」「福祉用具貸与」「特定福祉用具販売」「夜間対応型訪問介護」「認知症対応型共同生活介護」で、社会福祉法人の割合の高いサービスは、「短期入所生活介護」「認知症対応型通所介護」「地域密着型介護老人福祉施設」となっています**(表1-2)**。

　このように、居宅サービスにおいては営利法人によるサービスの提供が定着しており、現在の介護保険制度を支える組織として、営利法人は欠かせない存在となっています。

　居宅サービスのうち、「訪問看護ステーション」「通所リハビリテーショ

表1-2 ■開設（経営）主体別事業所の構成割合

平成25年10月1日現在

	構成割合（％）								
	総数	地方公共団体	公的・社会保険関係団体	社会福祉法人	医療法人	社団・財団法人	協同組合	営利法人（会社）	特定非営利活動法人（NPO）	その他
居宅サービス事業所										
（訪問系）										
訪問介護	100.0	0.4	…	20.0	6.1	1.2	2.7	64.0	5.3	0.4
訪問入浴介護	100.0	0.5	…	37.3	1.9	0.8	0.5	58.3	0.6	0.0
訪問看護ステーション	100.0	2.9	2.5	8.0	34.7	11.3	3.1	35.3	1.8	0.4
（通所系）										
通所介護	100.0	0.8	…	29.0	6.6	0.7	1.6	56.3	4.6	0.4
通所リハビリテーション	100.0	3.1	1.4	9.3	76.5	2.9	…	0.0	…	6.8
介護老人保健施設	100.0	3.8	2.1	16.7	73.6	3.1	…	.	…	0.8
医療施設	100.0	2.4	0.7	1.4	79.6	2.6	…	0.1	…	13.2
（その他）										
短期入所生活介護	100.0	2.8	…	81.7	3.8	0.1	0.4	10.6	0.5	0.1
短期入所療養介護	100.0	4.1	1.7	11.6	76.9	2.9	…	−	…	2.8
介護老人保健施設	100.0	3.9	2.0	15.9	74.2	3.0	…	.	…	1.0
医療施設	100.0	4.8	1.0	0.6	83.6	2.6	…	−	…	7.5
特定施設入居者生活介護	100.0	1.0	…	24.1	4.9	0.6	0.3	67.9	0.5	0.7
福祉用具貸与	100.0	0.1	…	2.4	1.3	0.3	1.9	93.0	0.6	0.4
特定福祉用具販売	100.0	0.0	…	1.5	0.9	0.2	1.8	94.6	0.6	0.3
地域密着型サービス事業所										
定期巡回・随時対応型訪問介護看護	100.0	−	…	28.1	14.9	2.6	2.2	49.6	2.6	−
夜間対応型訪問介護	100.0	0.7	…	28.1	12.9	2.9	0.7	51.8	2.9	−
認知症対応型通所介護	100.0	0.5	…	46.7	12.1	1.0	1.5	31.7	6.3	0.2
小規模多機能型居宅介護	100.0	0.1	…	31.2	13.1	0.8	1.7	45.8	7.0	0.4
認知症対応型共同生活介護	100.0	0.1	…	23.8	17.3	0.4	0.5	53.1	4.7	0.2
地域密着型特定施設入居者生活介護	100.0	.	…	31.1	13.9	0.8	0.4	51.3	2.5	.
看護小規模多機能型居宅介護（複合型サービス）	100.0	−	…	9.7	32.3	4.8	1.6	43.5	8.1	.
地域密着型介護老人福祉施設	100.0	8.8	−	91.2	.	.	.	.	.	.
介護予防支援事業所（地域包括支援センター）	100.0	29.0	…	51.9	12.4	3.6	0.9	1.6	0.5	0.1
居宅介護支援事業所	100.0	1.0	…	25.9	16.5	2.6	2.6	47.3	3.4	0.5

注：訪問看護ステーション、通所リハビリテーション、短期入所療養介護、地域密着型介護老人福祉施設については、開設主体であり、それ以外は、経営主体である。

（厚生労働省：平成25年介護サービス施設・事業所調査結果の概況）

ン」「短期入所療養介護」などの医療系サービスについては、一部を除いて営利法人の参入が認められていないため、「医療法人」が占める割合が高くなっています。

介護老人福祉施設などの介護保険3施設は介護保険導入後も、依然として地方公共団体や社会福祉法人、医療法人等による設置・運営に限られています。介護保険施設の開設主体別の構成割合を見ると、介護老人福祉施設は「社会福祉法人」が92.5％と最も多く、介護老人保健施設および介護療養型医療施設では「医療法人」が74.2％、82.3％と最も多くなっています**(表1-3)**。

表1-3 ■開設主体別介護保険施設の構成割合

平成25年10月1日現在

介護保険施設	総数	構成割合(%)									
		都道府県	市区町村	広域連合・一部事務組合	日本赤十字社・社会保険関係団体	社会福祉協議会	社会福祉法人(社会福祉協議会以外)	医療法人	社団・財団法人	その他の法人	その他
介護老人福祉施設	100	0.9	4.7	1.7	0.1	0.2	92.5	.	.	…	.
介護老人保健施設	100	0.1	3.9	0.5	1.9	−	15.5	74.2	2.8	1.0	0.1
介護療養型医療施設	100	−	4.5	0.4	0.9	−	1.1	82.3	2.7	0.5	7.6

※記号：− 計数のない場合　．統計項目のありえない場合　… 計数不明又は計数を表章することが不適当な場合
（厚生労働省：平成25年度介護サービス施設・事業所調査結果の概況）

2）介護保険施設・事業所の収支状況

厚生労働省の「平成26年介護事業経営実態調査」によると、介護事業ごとの収益状況は**表1-4**のとおりです。補助金や繰入を含む収入総額から支出を引いた収支差率について、「居宅介護支援」「複合型サービス」以外では、ほぼ収支差率がプラスになっています。

また事業所系別に収支差率をみると**(図1-5)**、施設系サービスを提供する事業所では、地域密着型介護老人福祉施設に大幅な収支差率の増加が

表1-4 ■各サービスの状況について

	収支差率		収支差率
介護老人福祉施設	8.7%	認知症対応型通所介護（介護予防を含む）	7.3%
地域密着型介護老人福祉施設	8.0%	通所リハビリテーション（介護予防を含む）	7.6%
介護老人保健施設	5.6%	短期入所生活介護（介護予防を含む）	7.3%
介護療養型医療施設（病院）	8.2%	居宅介護支援	△1.0%
認知症対応型共同生活介護（介護予防を含む）	11.2%	福祉用具貸与（介護予防を含む）	3.3%
訪問介護（介護予防を含む）	7.4%	小規模多機能型居宅介護（介護予防を含む）	6.1%
夜間対応型訪問介護	3.8%	特定施設入居者生活介護（介護予防を含む）	12.2%
訪問入浴介護（介護予防を含む）	5.4%	地域密着型特定施設入居者生活介護	6.8%
訪問看護ステーション（介護予防を含む）	5.0%	定期巡回・随時対応型訪問介護看護	0.9%
訪問リハビリテーション（介護予防を含む）	5.3%	複合型サービス	△0.5%
通所介護（介護予防を含む）	10.6%		

※1：訪問1回あたり　※2：実利用者1人あたり　※3：定員1人あたり（1カ月あたり）
（厚生労働省：平成26年介護事業経営実態調査結果の概要．一部抜粋）

認められます。また、訪問系サービスの事業所では、医療サービスの訪問入浴介護および夜間対応型訪問介護以外は改善が認められます。また通所系サービスの事業所では、通所リハビリテーションの大幅な改善が確認できます。

　このような介護サービスの収支状況の中、平成27年介護報酬改定では大幅な報酬の引き下げが行われました。今後のさらなる高齢化の進展を見すえれば、給付範囲の削減や報酬の引き上げが続くことが予測されるため、介護保険法内のサービスだけでなく、保険外サービスの拡充を図り、いわゆる「自助」や「互助」の領域を豊かなものとしていく必要があります。

　その一方で、高齢者保護の観点から、保険外サービスの利用を無秩序に拡大した場合、高齢者が不適切なビジネスの対象となってしまうリスクも

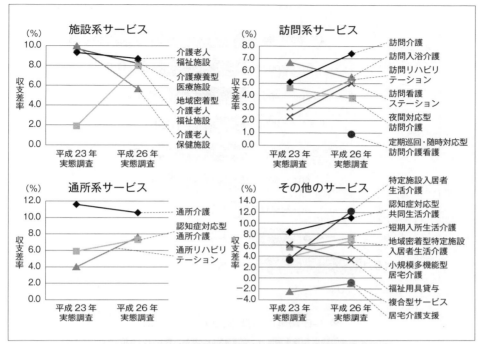

図 1-5 ■介護事業経営実態調査における収支差率の推移

(厚生労働省：平成26年介護事業経営実態調査結果の概要．p.9)

指摘されています。「住民参加型福祉サービス、ボランティアなどの活用」などを利用したサービスを中心に、これから質の高い民間企業によるサービス提供が期待されます。

3) 事業所規模と収支状況との関連性

次に、事業所の規模と収支状況との関連性について見ていきます。**図1-6**は、訪問介護サービスを提供する事業所ごとに、1カ月あたりの延べ訪問回数と収支差率との関係を示したものです。

全体的な傾向として、1カ月あたりの延べ訪問回数が増加するほど、収支差率が高くなっていることがわかります。収支差率がプラスに転じているのは、延べ訪問回数が401回以上で、それ以下では、収支差ゼロあるいは赤字となっています。200回以下では、－10.1％と大変厳しい経営状況となっています。

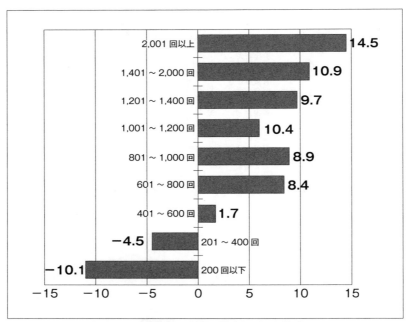

図 1-6 ■延べ訪問回数例　収支差率

（厚生労働省：介護事業経営実態調査（平成26年）をもとに作成）

　つまり、経営を安定化するためには、利用者を多く確保するとともに、訪問効率を高め、より多くの訪問回数をこなすことが重要であるといえます。しかし、訪問介護は利用者宅を一軒一軒訪問し、マンツーマンでサービスを提供するため、1人のヘルパーが1日に訪問できる回数には限界があります。

　過疎地域では移動時間に時間がかかり訪問効率が低下するため、訪問回数を多くすることができず、高い収益は期待できません。都市部では、比較的高齢者が密集しているため効率を高めることができ、参入する事業者も多くなっていますが、その結果、供給過剰となっている地域が生じています。このような地域では、利用者の確保が難しくなっているのが現状です。

　このように、訪問介護事業者を取り巻く経営環境は厳しい状況にあります。特に資金力の乏しい小規模事業者は、利用者の確保ができず、恒常的に赤字が続くと撤退を余儀なくされる可能性もあるといえます。

東京商工リサーチの訪問介護事業者の倒産状況に関する調査結果によると、2013（平成25）年度の訪問介護事業者の倒産件数は、26件となり、過去最多を更新しています。また従業員数別では5人未満が全体の約7割を占め、小規模企業の倒産が顕著となっています。

3. 介護保険事業以外の高齢者向けビジネス

1）高齢者向けビジネス発展の背景

　高齢者人口が増加し、また若年者に比して経済的な余裕もあるため、高齢者向けのビジネスが発展しています。65歳以上の高齢者のうち、8割を超える高齢者が介護の必要のない元気な高齢者であるといわれています。高齢化が進むなか、社会全体での高齢者の消費支出は増大傾向にあり、ほとんどの産業では高齢者層を重要な顧客として考慮するようになってきています。

　第一生命経済研究所の推計では、2011（平成23）年の60歳以上の消費支出額は約101兆2,000億円となっており、前年比で2.4％増加しています。コンビニエンスストアでは、シニア層を意識した商品の品揃え、店舗レイアウトを展開しています。このように、ほとんどの産業において高齢者のニーズに対応したサービスや商品の開発が必要になってきているのです。

　介護保険関連の事業に関しても、団塊の世代の要介護者の増加が見込まれ、家族の介護機能の低下が予想されているため、社会的ニーズの増加はほぼ確実です。

　要介護高齢者や家族のニーズを法定給付のサービスのみですべて満たすことはできません。食事の配達サービスや緊急通報システム、出張理美容サービスなどは給付対象外となっており、介護保険サービス以外の周辺介護関連サービスの提供が不可欠であり、今後はこうした領域における市場の拡大が予想されます。

さらに、経済的に自立した高齢者も増加傾向にあり、自分のライフスタイルや価値観にあったサービスや商品を求める高齢者が増加しているため、民間の事業体においては、柔軟な発想と創造性を駆使して、多様化する高齢者のニーズに対応していくことが求められています。

2）高齢者向けビジネスの内容

　高齢者向けのビジネスは**表1-5**で示すように、きわめて広範です。食事の配達サービスや出張理美容サービス、緊急通報サービスや見守り・安否確認サービス、寝具の洗濯・乾燥サービス、福祉機器のレンタル、嚥下のしやすい高齢者向け食品、買い物代行サービスなどがあります。こうしたサービスは、市町村特別給付として市町村が条例で定め独自にサービスを提供している場合もあります。

　介護以外の領域では、衣料や旅行、教養など、高齢者の楽しみを追求す

表1-5 ■高齢者向けの事業展開の例

分類	供給（財・サービス）	供給（財・サービス）の小項目	提供機関（団体・企業）
移動	福祉車両	障がい者向け自動車、ユニバーサルデザイン・カー	自動車メーカー各社
介護	在宅介護サービス	介護タクシー、移送サービス	運輸サービス会社、社協、NPO等
衣料	ユニバーサルファッション	着脱が容易な衣料品・年代を問わない衣料品	中小衣料品メーカー、アパレルメーカー
健康	フィットネスクラブ	シニア向けメニュー、健康管理サービス	フィットネス企業と医療法人の提携等
健康	健康診断	健康診断、人間ドック等	医療法人、健保組合、地域保健センター等
食品	食品宅配事業	治療食、健康管理の食品、一般食品等	専門事業者、給食・外食企業、社協・NPO等
住居	有料老人ホーム等	有料老人ホーム、サービス付き高齢者向け住宅等	住宅メーカー各社、介護サービス会社、電力、電鉄、メーカー等
住居	個人向け住宅	バリアフリー住宅、2～3世帯住宅、リフォーム等	住宅メーカー各社、地域工務店等
住宅設備	住宅設備機器	手すり、エレベーター、スロープ等	各製造、住宅メーカー、地域工務店等
教養	生涯学習、各種セミナー	中高齢者向け各種教育・教養講座等	民間カルチャーセンター、自治体、大学等
旅行	高齢者向け旅行	中高齢者向けクルーズ、介護付内外旅行等	旅行会社、介護サービス企業との提携等
安全	警備・緊急通報	自宅警備、緊急通報サービス	警備会社、地方自治体、NPO、ボランティア団体等
就業	職業紹介	中高齢者向けの職業紹介	シルバー人材センター、ハローワーク、職業紹介事業等

るための事業も展開されています。

「住居」の領域では、サービス付き高齢者向け住宅や住宅改修などの住宅基盤事業の成長が予想されます。わが国では、すでに特別養護老人ホームなどの施設待機者が多数存在し、今後はさらに医療や介護を要する高齢者の増加が予想され、介護保険制度による既存の施設だけで対応することは困難であるといえます。

こうした中、2011（平成23）年4月に「高齢者の居住の安定確保に関する法律（高齢者住まい法）」が改正され、同年10月から「サービス付き高齢者向け住宅」の登録制度が開始されました。「サービス付き高齢者向け住宅」とは、一定の居室の面積・設備やバリアフリー構造などのハード面の条件を備えるとともに、高齢者が安心して暮らすことができるように見守りサービス（ケアの専門家による安否確認や生活相談）を提供する賃貸等の住まいをいいます。現在、サービス付き高齢者向け住宅の供給促進のため、補助・税制・融資による支援が実施され、国土交通省は、全高齢者に対する支援サービス付き住宅の定員数の割合を2020（平成32）年までに3～5％に高めるとしており、政府の新成長戦略では今後10年間で60万戸を目標に整備する方針を示しています。

その他にも、「安心・安全」「健康」などの市場も、年々増加することが予想されます。

また、図1-7でもわかるように、「高齢者が優先的にお金を使いたいもの」として、「健康」の次に「旅行」があげられています。こうした高齢者層の旅行需要に対応するため、旅行会社では既に高齢者をターゲットとしたさまざまな旅行企画を打ち出しています。トイレ休憩の時間や間隔に配慮するなど、通常より旅行行程にゆとりをもたせたプランや、車いすや杖を使用する高齢者でも安心して参加できるバリアフリーの旅などを企画しています。また、添乗員に救急資格を取得させたり、介護福祉士や看護師が同行するツアーを企画している旅行会社もあります。このように、旅行業界においても、「バリアフリー」や「ユニバーサルデザイン」など、福祉的

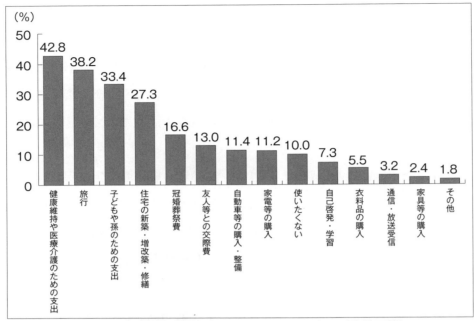

図1-7 ■高齢者が優先的にお金を使いたいもの（複数回答）

注：対象は、全国60歳以上の男女

（内閣府：高齢者の経済生活に関する意識調査．平成23年）

視点に基づいた商品開発、事業展開が求められています。

3）地域包括ケアシステムと連携した民間サービスの活用

　民間サービスを活用するためには、地域包括ケアシステムの中で、積極的に保険外サービスを取り入れるための環境整備が必要になります。さらに事業を成功させるためには、地域のさまざまな異業種が連携し、協議会やネットワークを構築し、関係強化、機能強化が必要になります。

2 地域包括ケアを学ぶことで地域での役割を理解する

1. 地域包括ケアとは

1）地域包括ケアの考え方

　地域包括ケアシステムとは、どのような要介護状態になっても、住み慣れた地域で自分らしい暮らしを人生の最期まで続けることができるよう、住まい・医療・介護・予防・生活支援が一体的に提供されるように考えられたシステムです。また、今後、認知症高齢者の増加が見込まれることから、認知症高齢者の地域での生活を支えるためにも、地域包括ケアシステムの構築が重要とされています。

　人口が横ばいで75歳以上人口が急増する大都市部、75歳以上人口の増加は緩やかだが人口が減少する町村部など、今後の人口変動や高齢化の状況には大きな地域差が生じています。地域包括ケアシステムは、保険者である市町村や都道府県が、地域の自主性や主体性に基づき地域の特性に応じたシステムを作っていくことが重要です**（図1-8）**。

　以下に、厚生労働省、地域包括ケア研究会より出された報告書（平成25年3月）からの資料を紹介します。

（1）　地域包括ケアシステムにおける「5つの構成要素」

　①「介護」、②「医療」、③「予防」という専門的なサービスと、その前提としての④「住まい」と⑤「生活支援・福祉サービス」が相互に関係し、連携しながら在宅での生活を支える、という考え方に基づいています**（表1-6）**。

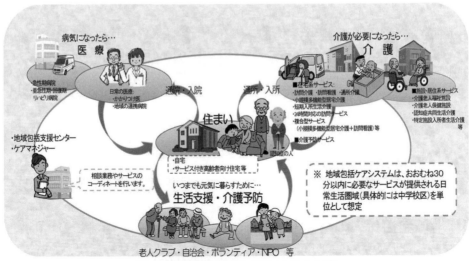

図 1-8 ■地域包括ケアシステムの姿

(厚生労働省:政策について,福祉・介護 地域包括ケアシステム)

表 1-6 ■地域包括ケアシステムの構成要素

住まいと住まい方	生活の基盤として必要な住まいが整備され、本人の希望と経済力にかなった住まい方が確保されることが地域包括ケアシステムの前提。高齢者のプライバシーと尊厳が十分守られた住環境が必要
生活支援・福祉サービス	・心身の能力の低下、経済的理由、家族関係の変化などでも尊厳ある生活が継続できるよう生活支援を行う ・生活支援には食事の準備など、サービス化できる支援から、近隣住民の声かけや見守りなどのインフォーマルな支援まで幅広く担い手も多様。生活困窮者などには、福祉サービスとしての提供も必要である
介護・医療・予防	個々人の抱える課題にあわせて「介護・リハビリテーション」「医療・看護」「保健・予防」が専門職によって提供される(有機的に連携し、一体的に提供)。ケアマネジメントに基づき、必要に応じて生活支援と一体的に提供
本人・家族の選択と心がまえ	単身・高齢者のみ世帯が主流になる中で、在宅生活を選択する意味を本人家族が理解し、そのための心がまえをもつ

(厚生労働省:政策について,福祉・介護 地域包括ケアシステム,1.地域包括ケアシステムの実現に向けて,2015)

（2）「自助・互助・共助・公助」からみた地域包括ケアシステム

地域包括ケアシステムの考え方では、必要とされるサービスの提供を「公助」「共助」といった公的サービスに依存するのではなく、「自助」「互助」といったインフォーマルなサービスもうまく組み合わせることで実現するとされています。

「自助・互助・共助・公助」の視点での地域包括ケアシステムは、**表1-7**のようにまとめることができます。

2）地域包括ケアの具体的方策

上記の考え方に沿って、以下のような対応策が厚生労働省より出されま

表1-7 ■「自助・互助・共助・公助」からみた地域包括ケアシステム

費用負担による区分	・「公助」は税による公の負担、「共助」は介護保険などリスクを共有する仲間（被保険者）の負担であり、「自助」には「自分のことは自分でする」ことに加え、市場サービスの購入も含まれる ・「互助」は相互に支え合うという意味で、「共助」との共通点もあるが、費用負担が制度的に裏付けられていない自発的なもの
時代や地域による違い	・2025年までは、高齢者のひとり暮らしや高齢者のみの世帯がより一層増加。「自助」「互助」の概念や求められる範囲、役割が新しい形に ・都市部では、強い「互助」を期待することが難しい一方、民間サービス市場が大きく「自助」によるサービス購入が可能。都市部以外の地域は、民間市場は限定的だが、「互助」の役割が大きい ・少子高齢化や財政状況から、「共助」「公助」の大幅な拡充を期待することは難しく、「自助」「互助」の果たす役割が大きくなることを意識した取り組みが必要

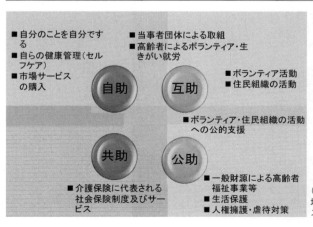

（厚生労働省：政策について，福祉・介護 地域包括ケアシステム，1.地域包括ケアシステムの実現に向けて，2015）

した。

（1） 介護
- 地域ニーズに応じた在宅サービスや施設の基礎整備
  - 24時間対応型サービスの提供
- 将来の高齢化や利用者数見通しに基づく必要量の整備
- 地域支援事業の充実（在宅医療・介護の連携）（認知症施策の推進）（地域ケア会議の推進）

（2） 医療
- 在宅医療連携拠点事業の整備
- 在宅療養支援病院、在宅療養支援診療所、訪問看護ステーション等との連携
  - 連携拠点に配置された看護師（介護支援専門員の有資格者）や医療ソーシャルワーカーによる医療・介護へのサポート
  - 多職種連携による在宅医療の支援体制の構築
  - 24時間連携体制の整備

（3） 住まい
- サービス付き高齢者住宅等の整備
- 住宅施策と連携した住居確保
  - サービス付き高齢者向け住宅、住宅型有料老人ホーム等の整備

（4） 生活支援／介護予防
- 地域支援事業の充実（住民主体の取組も含めた多様なサービス）
- 自助（民間）、互助（ボランティア）等による実施の整備
- 社会参加の促進による介護予防
- 地域の実情に応じた事業実施

（5） 人材育成
- 専門職の資質向上
- 介護職の処遇改善

2. 地域包括ケアにおける介護保険サービス

1）介護保険サービスの課題

　これからの「地域包括ケア」の時代において、限られた資源（人、金）をより有効に活用していくことが求められるため、介護福祉サービスの現場では「労働生産性」の向上という命題を理解し、実践していくことが不可欠です。

（1）　訪問介護での課題

　訪問介護においては、専門性が高く、報酬単価の高い、身体介護の比率を少なくとも50％以上に引き上げ、報酬単価の低い生活援助を20％以下にするといったことが必要になってきます。さらに訪問時間を短時間にし、訪問回数を増やす形に移行する中で、移動時間や記録報告作業を効率化することも求められます。

（2）　通所介護での課題

　通所介護においては、特に入浴や食事介助といった場面において、利用者の満足度と効率性の両方を向上させることが必要となってきます。「7時間以上9時間未満」のサービス体制の中でも、利用者のニーズや状況に応じて、「3時間以上5時間未満」「5時間以上7時間未満」といった、短時間のサービス提供やサービスの体制の組み替えなどの対応をとることも経営マネジメントにおいて重要になってきます。

（3）　管理者の課題

　管理者には、必要とされるサービスを臨機応変に提供できる応用力と、専門性の高いケアサービスを実現する指導力が求められるということでもあります。そこでは管理者自身の「幅広い技術力」と「経験」に加えて、「経営マネジメント」能力の有無が重要となるでしょう。特に在宅で重度まで支えることを目指す「地域包括ケア」においては、利用者の状況変化に合わせたサービスの追加・変更が頻繁になり、サービス担当者会議での医療

サービスを含めた具体的なサービスの調整能力が不可欠になります。

(4) 介護職員の課題

一人ひとりの介護職員には、「自分は訪問介護の担当」「自分の担当は送迎だけ」といった細切れの意識ではなく、「介護の拠点に属し、何にでも対応できる介護員である」とのマルチタイプの意識をもつことが求められます。このような変化を踏まえて、今後の介護事業において、経営側では、雇用契約書、就業規則、変形労働制を含めた労働基準監督署への届出の変更と、賃金体系の見直しも求められるようになってきているのです。

2) 訪問介護サービスの限界
―生活支援型から医療対応型への転換

2006（平成18）年度の介護報酬改定以降、生活援助の時間区分の短縮や介護予防サービスの報酬引き下げなどにより、登録型ヘルパーの収入が大幅に下がることになり、訪問介護サービス事業継続が困難になるという状況が生まれました。打開策としては、短時間のパート職員としてホームヘルパーを雇用し、サービス提供責任者の采配で、生産性を高めたシフトがつくれるかどうかがカギとなります。

地域包括ケアにおける、訪問介護の最大の課題としては、医療ニーズのある利用者に対応できる質の確保があげられます。訪問介護のニーズは生活援助型よりも、より重度の身体介護主体に移行しており、2012（平成24）年度報酬改定でも「身体介護20分未満」が創設され、生活援助が60分から45分に短縮されるなど、小刻みにサービス提供する形に変化しています。雇用形態や管理体制を含めた事業構造の大きな転換が必要になってきています。

また、2011（平成23）年度後期から「介護職員における医療行為の実施」研修が始まっています。

実施する都道府県によっては募集枠がたいへん少なく、各都道府県における研修の増設が切望されています。

3）定期巡回・随時対応サービスの創設

　地域包括ケアの推進によって、重度者をはじめとした要介護高齢者の在宅生活を支えるため、日中・夜間を通じて、訪問介護と訪問看護が密接に連携しながら、短時間の定期巡回型訪問と随時の対応を行う「定期巡回・随時対応サービス」が創設されることになりました（2012［平成24］年4月）。

　このサービスは、「地域包括ケア」のしくみを支える重要なサービスとして位置づけられ、在宅の利用者の日常生活を支えるために必要な介護・看護サービスが、包括的かつ継続的に提供されるものです。

　1日複数回の定期訪問と継続的アセスメントを前提とし、介護サービスと看護サービスが連携を図りつつ、「短時間の定期訪問」「随時の対応」といった手段を適宜・適切に組み合わせて行われるサービスです。

24時間地域巡回型訪問サービス基本コンセプト（厚生労働省　老健局）

①1日複数回の定期訪問によるサービス提供を行い、在宅生活を包括的に支えるとともに、利用者の心身の状況について介護・看護の視点から継続的にアセスメントを行う。

②継続的なアセスメントに基づき、施設におけるケアと同様、利用者の心身の状況に応じて、提供時間の長さやタイミングを、短時間ケア等を取り入れ、時間に制約されない柔軟なサービス提供とする。

③1日複数回の定期訪問に加え、利用者からのコールを受けた場合に、利用者の心身の状況等を踏まえコール内容を総合的かつ的確に判断し、必要な対応を行うことにより在宅生活の安心感を提供する。

④日中帯を中心に定期訪問サービス提供を行い、起床から就寝までの在宅生活を包括的に支えるとともに、発生頻度は少ないながらも確実に存在する深夜帯のニーズに対応するため、24時間の対応体制を確保する（図1-9）。

⑤在宅生活を包括的かつ継続的に支える観点から、利用者の看護ニーズに対応するため、介護・看護サービスを一体的に提供する。

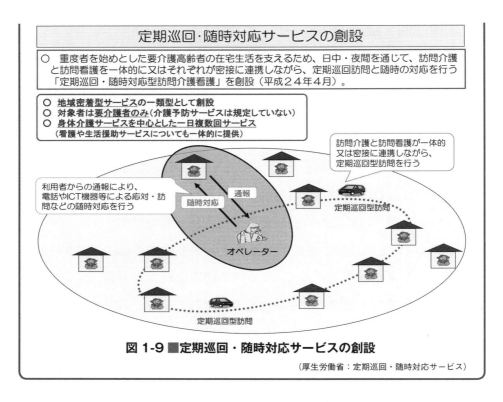

図 1-9 ■定期巡回・随時対応サービスの創設

(厚生労働省：定期巡回・随時対応サービス)

4）事業の見直しが求められる通所介護

　通所系サービスには、通所介護、療養通所介護、通所リハビリテーションがあります。これらの通所介護に関する基本方針・基準として、厚生労働省より以下のように発表されています。

> 共通の基本方針・基準等
> - 地域との結び付きを重視し、市町村、他の居宅サービス事業者等との連携に努めなければならない。
> - 居宅介護支援事業者等との連携に努めなければならない。
> - 利用者の能力に応じ自立した日常生活を営むことができるようにサービス提供を行う。
> - 利用者の心身の状況等を的確に把握し、サービス提供を行う。
> - 心身の機能の維持を図る。

このような基本方針に基づき、より通所介護の充実を図るために、①アセスメントに基づく個別サービス計画づくり、②生活機能維持向上の観点に基づく（残存能力活用の観点に基づく）ケアの実施、③ケアマネジャーや地域包括支援センター、医療機関、多職種、地域住民等との連携、④施設内だけでなく地域資源を通した"その人らしさを保持できる"社会性維持支援が必要になります。

　そのためにカギとなるのが多職種との連携です。具体的には、たとえば、介護職がリハビリテーション専門職と共同してアセスメントを行うことで、介護職はトイレ動作などのADLや家事などのIADLに関する本人の生活行為能力を把握することができ、利用者の残存能力を活かす介護を行うことができるようになります。また、リハビリテーション専門職が訓練によって向上させた生活行為の能力を、介護職が介護の中に取り入れることで、自立に結びつけることができるでしょう。

5）地域包括ケアの拠点となる小規模多機能型居宅介護 （看護小規模多機能型居宅介護）

　地域包括ケアの推進の中で、地域のさまざまな組織や人が参加して利用者の本人らしい暮らしを支えるために、小規模多機能型居宅介護が大きな役割を果たすことになります。

　小規模多機能型居宅介護は、生活圏域内の、要介護者の様態や希望に応じて、「通い」「訪問」「泊まり」および多様なニーズに対応する機能を組み合わせて提供するサービスで、住み慣れた地域での生活が継続できるよう支援するシステムである、地域包括ケアの中心的な担い手となるサービスです（**図1-10、11**）。

6）地域包括ケアの今後

- 今後増大することが予測される医療ニーズを併せ持つ中重度の要介護者や認知症高齢者への対応として、引き続き、在宅生活を支援するための

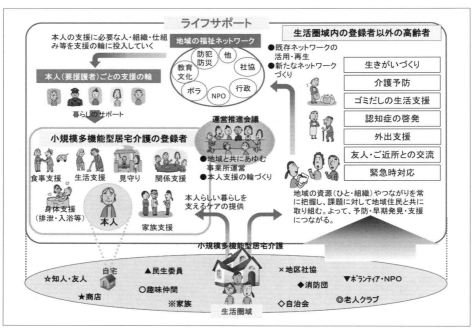

図1-10 ■生活圏域でのこれからの小規模多機能の姿

(厚生労働省:小規模多機能型居宅介護についての要望. 平成26)

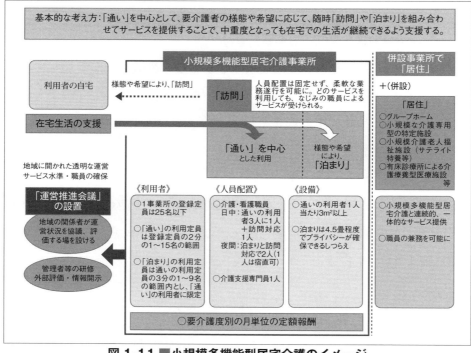

図1-11 ■小規模多機能型居宅介護のイメージ

(厚生労働省:介護保険制度改革の概要(パンフレット). 平成18年3月)

サービスの充実を図る必要があります。
- 24時間365日の在宅生活を支援する定期巡回・随時対応型訪問介護看護を始めとした包括報酬サービスのさらなる機能強化等を図る必要があります。
- 地域の拠点としての機能を発揮して中重度の要介護者の在宅での生活を支援する役割を果たす施設サービスについて、それぞれに求められる機能をさらに高めていかなければなりません。

3 介護人材の見通しと確保の方策

1. 介護の担い手と介護職員の見通し

　2005～2025年にかけて、生産年齢（15～64歳）人口は約16％減少し、労働力人口も約5～12％程度減少すると見込まれています。その一方、高齢者人口の増加に伴い、必要な介護職員数は倍増すると見込まれています。この結果、労働力人口に占める介護職員の割合は、2005～2025年にかけて倍以上になるとされています（図1-12）。

　最大の課題は、サービスを担う優秀な介護専門人材の確保が年々困難になってきているという点です。福祉系の大学を卒業してもデスクワークを希望し、介護の現場に出ようとしない学生が多くなっています。介護福祉士の養成施設においても、近年では実入学者が定員の5～6割程度となっており、学生が集まりにくい状況が続いています。

　安定的な人材を確保している事業所では、新人に対して経験がなくても安心して働けるように手厚いサポートを行っています。たとえばデイサービスや小規模多機能型施設の介護職員は資格を必要としないので、まずは送迎担当として採用し、その後、少しずつ介助にかかわり、現場で2年ほど経験を積ませながら初任者研修や実務者研修の受講を促し、介護福祉士の資格取得をめざすように支援していきます。その間、相談・教育を行う指導担当者を配置したり、受講費用等の補助を行うなど、新人職員を事務所の戦力とするためのさまざまな体制づくりがなされています。

　成長性のある職員に対しては、時間もお金も必要となります。法人理念と経営方針を十分に理解した介護専門人材を新人から育成するのに、最低

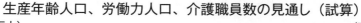

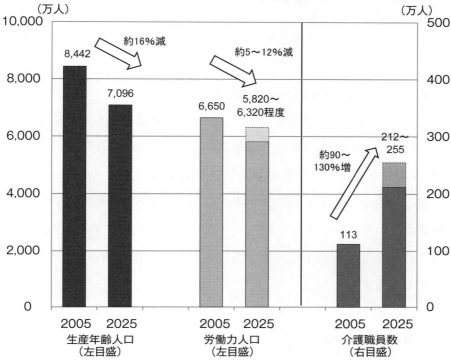

	2005年	2025年
介護職員数	112.5万人	212～255万人
労働力人口	6,650万人	5,820～6,320万人
割合	1.7%	3.4～4.4%

【出典】国立社会保障・人口問題研究所「日本の将来推計人口（平成18（2006）年12月推計）」、雇用政策研究会「労働力人口の見通し（平成19年12月）」、社会保障国民会議「医療・介護費用のシミュレーション」、総務省「労働力調査」、「国勢調査」、厚生労働省「介護サービス施設・事業所調査」

注）2025年の生産年齢人口は出生中位（死亡中位）推計の値。労働力人口は2017年から2030年の「労働市場への参加が進んだケース」と「進まないケース」が平均的に減少すると仮定して試算したもの。2025年の介護職員数は社会保障国民会議のAシナリオ、B2及びB3シナリオの値。

図1-12 ■介護の担い手と介護職員の見通し
（地域包括ケア推進指導者養成研修：地域包括ケアの理念と目指す姿について，厚生労働省，p6）

でも5年はかかるでしょう。職員の定着率を高めるのも簡単なことではありません。介護職員が結婚し、子どもを含めて養える報酬を与えるために

は、常に法人としての成長と収益増が求められるため、事業所を増やしたり、新しい役職をつくっていったりしなければならないことになりますが、これも経営者にとって大きな責務なのです。

1）深刻なホームヘルパー資格制度の廃止の影響

全国各地の訪問介護事業所では、「訪問介護職員をいくら募集しても集まらない」という意見があがってきています。ある都道府県のJA職員からは、「訪問介護のヘルパーの新規供給は絶望的で、ハローワークからの雇用支援の紹介があるものの結局ほとんどが経験不足で使えない。地域での介護職員の奪い合いとなっていて、有料老人ホームやサービス付き高齢者向け住宅など、急増する民間介護施設に吸収されている」といった声も聞こえてきます。

現在は、**図1-13**のとおり、ホームヘルパー2級課程修了者は「介護職員初任者研修課程」修了者として、1級課程修了者は「介護職員実務者研修」修了者に移行されています。養成体系の変化に伴い受講にかかる費用や時

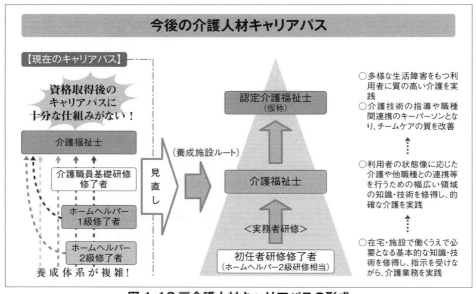

図1-13 ■ 介護人材キャリアパスの形成

(厚生労働省：今後の介護人材養成の在り方に関する検討会報告書.)

間数が増加していることも影響して、以前より受講者数が減少しています。

　このように介護職員の確保については厳しい状況が続いているため、その改善策のひとつとして2009(平成21)年から基金を設置し、支給していた「介護職員処遇改善交付金」を、2012(平成24)年度の報酬改定で「介護職員処遇改善加算」として、介護報酬に組み入れ、引き続き賃金向上を図っています。

2)人材確保の方策

　人口の高齢化が言われる中で、今後団塊の世代がすべて75歳以上となり、要介護高齢者の増大が見込まれる2025(平成37)年には約248万人の介護人材が必要と推計されています。

　しかしすでに15歳から64歳の生産年齢人口は減少しており、2025年にはさらに減少が進むことが見込まれています。このような状況の中、2025年には約30万人の介護人材が不足するとの見通しが示されています。

　2025年を介護人材確保にかかる当面の目標年次としたうえで、今後、戦略的な政策展開を図るために定量的な目標を定め、時間軸に沿った対策を計画的に講じていくことが必要であるとされ、**図1-14**に示された、総合的確保のめざす姿が打ち出されました。社会に暮らすさまざまな人々に対して参入を促進し、労働環境や処遇の改善を図り、専門性を明確化することによって質の向上を促すという形になっています。

3)社会保険加入

　介護職員を確保するためには、新規採用の増加を図るだけでなく、定着率を高めることが重要です。安心して働きつづけられる環境をつくるためには、社会保険への加入を正しく行うことも大切です。

　社会保険や雇用保険の加入義務は、パートであっても、そのスタッフの勤務時間、勤務日数によって適用させるかどうかが決まります。

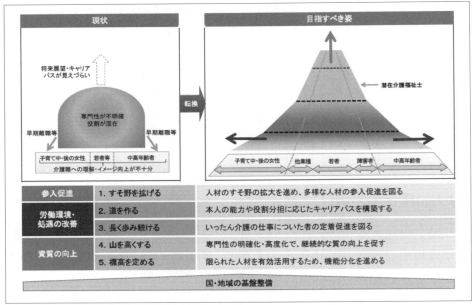

図 1-14 「総合的な確保方策」の目指す姿

(第4回社会保障審議会 福祉部会 福祉人材確保専門委員会：介護人材確保の総合的・計画的な推進について（案）．平成27年2月23日 参考資料2）

(1) 社会保険（健康保険・厚生年金保険）

1日または1週間の所定労働時間が正職員のおおむね3/4以上（75％以上）あり、かつ、1カ月の所定労働日数が正職員のおおむね3/4以上（75％以上）あれば、勤務形態がパートであっても被保険者とされます。

(2) 労働保険（雇用保険）

パート勤務であっても、週の勤務時間が20時間以上であり、1年以上雇用される見込みがある場合は、被保険者となります。

上記のように、パート勤務であっても社会保険加入の義務が事業所にも生じたため、社会保険料の一定割合を負担する事業所へは大きな負担となります。しかし、労働者にとって、パート勤務でも社会保険の加入により、病気やけが、老後に対する安心感が得られることは定着率の向上につながります。

4）まとめ

　2012（平成24）年度と2015（平成27）年度の介護報酬改定は、これからの介護の枠組みをどうしていくのかという方向性を打ち出したものでした。つまり、地域包括ケアシステムの構築、医療と介護の連携強化です。

　そのため介護事業経営では「事業構造が大きく変わった」と捉え、従来の戦略を見直すことが重要でしょう。それを実現していくために介護職員はどのようなキャリアパス・雇用形態にして、どのように確保・定着・育成を図るのかが重要になります。地域包括ケアで求められる自法人・事業所の役割・使命は何なのか、それを実践していくうえでの課題・対策は何か。これらのことを経営層だけでなく、リーダー層、現場職員までが同じ認識のもとに一体となって取り組んでいけるかが、介護事業者として生き残るための大きなカギになります。

4 サービス供給主体の多様性

1. 契約制度下における供給主体の多元化

1）サービス供給主体の多元化の背景

　介護保険制度がスタートする前のサービス供給主体は、福祉サービスとして、国、地方公共団体、社会福祉法人に限定され、特にその中心的な役割を果たしてきたのは、社会福祉法人でした。福祉サービスの供給のしくみは措置制度であり、対象者も低所得や貧困など、生活困窮に陥った人々などと限定されていました。そして、その福祉ニーズを解決・緩和するために金銭を給付することによって支援するのが一般的な方法でした。

　しかし、福祉ニーズが複雑多様化、高度化していくなかで、措置制度のしくみのような所得の高低を基準にした福祉サービスの対応だけでは多様化したニーズに応えることが難しくなってきました（**表1-8**）。

　介護保険制度がスタートし、わが国の経済状況が変化するなかで、急速な高齢化だけでなく、経済的に自立した高齢者の増加や家族機能の低下に伴い、利用者自らがサービス事業者と利用契約をするということが重要視

表1-8 ■社会福祉の対象者の位置づけの変化

時　期	法　律	対　象　者
昭和26年から	社会福祉事業法第三条（社会福祉事業の趣旨）	援護、育成、または更生の措置を要する者
平成2年から	社会福祉事業法第三条（基本理念）	福祉サービスを必要とする者
平成12年から	社会福祉法第三条（福祉サービスの基本理念）	福祉サービスの利用者

されるようになりました。

　そのようななかで、国や都道府県、市区町村など公の機関のほかに、社会福祉団体、医療法人、社団・財団法人、協同組合、営利法人（会社）、特定非営利活動法人（NPO）など、さまざまな組織がサービス供給主体に参入し、多元化してきています。

2）サービス供給主体の類型化

　福祉サービスの供給主体は、①公的福祉セクター、②民間福祉セクター、③インフォーマル・セクター、④民間営利セクターに分類されることがあります（**表1-9**）。

　上記のようなさまざまな供給主体が、それぞれの特徴を活かして、福祉

表1-9 ■社会福祉の供給組織類型

①	公的福祉セクター	─ 公設公営型供給組織 ─ 認可団体型供給組織	─ 公設公営型福祉サービス ─ 認可団体型福祉サービス
②	民間福祉セクター	─ 行政関与型供給組織 ─ 市民組織型供給組織	─ 行政関与型福祉サービス ─ 市民組織型福祉サービス
③	インフォーマル・セクター	─ 近隣支援型活動組織	─ 近隣支援型ネットワーク
④	民間営利セクター	─ 市場原理型供給組織	─ 民間営利型福祉サービス

- 公設公営型供給組織：国や地方公共団体が設置運営者となり供給主体となる組織
- 認可団体型供給組織：行政から認可を受けている民間組織で、社会福祉法人や医療法人など
- 行政関与型供給組織：行政による経営・事業委託や財政支援を受けている組織で、福祉公社など
- 市民組織型供給組織：行政による関与がない組織で、NPO法人など

> - 近隣支援型活動組織：利用者の家族、親類・知人や、当事者の組織活動などによる支援活動を想定。町内会や自治会など
> - 市場原理型供給組織：福祉サービスの提供により利益を得ることを目的とする株式会社や有限会社など

　サービスを協働的に提供するという考え方を、福祉多元主義といい、このようななかでサービス利用者は多様な供給主体からサービスを受けることが可能となっています。

　このような流れのなかで、社会福祉法人にも営利性が求められ、収益事業の展開についても課題となっています。社会福祉法人は、社会福祉事業または公益事業の財源にあてるための収益事業を行うことができるため、法人所有の不動産を活用して行う貸ビル、駐車場などの経営を行っているところもあります。

　また、介護サービス分野においては営利法人の参入が増加し、供給主体としての役割の比重が高まってきています。一方で町内会、自治会などのインフォーマル・セクターは、供給主体として十分に機能せず、その役割を果たすことが難しくなってきています。

　さらに医療法人が医療サービスを軸として、サービス付き高齢者向け住宅において、医療と介護、住まいを提供するなど、家賃収入、診療報酬、介護報酬を効率的に収益につなげる事業を拡大させているところもあります。また、医療法人が関連・系列法人として社会福祉法人を開設して社会福祉事業を実施するなど、保健・医療・福祉複合体のグループとして収益をあげているところもあります。

　このように福祉サービスの提供が多元的に行われるなかで、民間事業所の果たす役割も大きくなってきています。高齢者のニーズを把握し、介護保険法以外のサービスを積極的に提供することが可能となっています。

2. 福祉サービスの供給主体の類型

1）社会福祉法人

（1） 社会福祉法人の位置づけ

　社会福祉法人は、社会福祉法第二条に定められている「社会福祉事業を行うことを目的として設立された法人」のことです。福祉施設を設置し事業経営を実施する際には、必要な資産を備え、定款を定めたうえで所轄庁の認可を受けて、社会福祉法人の要件を満たす必要があります。

　社会福祉法人は国、地方公共団体とともに、原則として第1種社会福祉事業を経営することができるとされており、重要な役割を果たしてきました。所轄庁はそれぞれの首長になります。ただし、2つ以上の都道府県にまたがり事業を行う場合は、厚生労働大臣となります。

　社会福祉法人数の推移を厚生労働大臣所管と都道府県知事等所管をそれぞれ見てみると、都道府県知事等所管は20年ほどで5,000法人以上増えています。また、厚生労働大臣所管の法人数も年々増加しています**(表1-10)**。

　社会福祉法人は、社会福祉と関係のある公益を目的とする事業を行わなければなりません。また、都道府県が所轄庁で、事業収入は原則として社

表1-10 ■社会福祉法人数の年次推移

（各年とも3月31日現在の数）

年次	1990	1995	2000	2001	2002	2003	2004
厚生労働大臣所管	118	127	138	144	146	151	164
都道府県知事等所管	13,305	14,705	16,553	16,959	17,559	18,162	18,636

	2005	2006	2007	2008	2009	2010
	181	195	222	242	285	308
	18,642	18,453	18,412	18,448	18,625	18,674

資料：厚生労働省社会・援護局調べ。
（注）昭和62年4月以前はすべて厚生労働大臣所管

（平成23年版厚生労働白書資料編を一部修正）

会福祉事業にのみあてられ、配当や収益事業に支弁できません。また、施設入所者（利用者）の福祉の向上を図るため、社会福祉法人による施設整備に対し、一定額が補助されるだけでなく、社会福祉事業の公益性にかんがみ、また、その健全な発達を図るため、法人税、固定資産税、寄付等について税制上の優遇措置が講じられています。

(2) 社会福祉法人の組織と経営

社会福祉事業の経営では、法令遵守のもとに公的資金が支出され、また、利用者への措置委託費や設立時または設備改修等の際の補助金があります。さらに、個人や団体からの寄付金などもあります。

社会福祉法人は公共性が高い事業を実施するという観点から、厳格な規制が課されています。しかし一方で、税制等については手厚い助成措置がとられています。

社会福祉法人の開設における社会福祉法の人員に関する規制は、以下のとおりです。

- 役員：理事（学識経験を有する者または地域の福祉関係者および法人の経営する施設の施設長）3人以上および監事1人以上を置かなければならない（第三十六条）。より厳格を期すため、通知で6人以上の理事および2人以上の監事で構成することとなっている。
- 任期：役員の任期は2年を超えることはできないが、再任を妨ぐことはできない（第三十六条2）。
- 評議員会：社会福祉法人には評議員会を置くことができる（第四十二条）。理事の定数の2倍を超える数の評議員で構成される（第四十二条2）。評議員会は、執行機関であり、理事会を客観的立場から牽引し、業務執行の公正と法人経営の透明性等の適正を図るための機関であり、重要な役割を果たす。
- 経営：経営環境の変化と今後も新しいニーズが発生することを踏まえ、新たな時代における福祉経営の基本的方向性を示している。

その他、設置に関しては、以下の要件も定められています。

- 組織：役員は6名以上の理事および2名以上の監事で構成され、理事には、社会福祉事業について学識経験のある者または法人を経営する施設長を参加させなければなりません。また行政庁の職員や、親族など特殊な関係にある者の選任は制限されています。また、保育所の経営や介護保険事業のみを行う法人を除いて、評議員会を設置しなければなりません。
- 資産：基本財産として、必要な土地、建物などの資産を用意しなければなりません。また、運用財産として、法人設立時に年間事業費の1/12以上に相当する額を、現金、預金などで準備しなければなりません。
- 事業：社会福祉法第二条に定める社会福祉事業のほか、公益事業および収益事業を行うことができます。
- 情報開示：毎年5月末までに事業報告書、財産目録、貸借対照表および収支計算書を作成し、6月末までにこれらの書類を含んだ社会福祉法人現況報告書を所轄庁へ届けなければなりません。また、これらの書類と監事監査意見書を事務所に備えておき、正当な理由がある場合を除いてこれらを閲覧できるようにしておかなければいけません。

(3) 社会福祉法人の数の推移

　社会福祉法人は公益法人でもあるため、税制上の優遇措置が図られ、また人口の高齢化や家族構成の変化などから、ニーズの増加もあり、1980年から2010年の間に、法人数は約2倍に上昇しています（**図1-15**）。

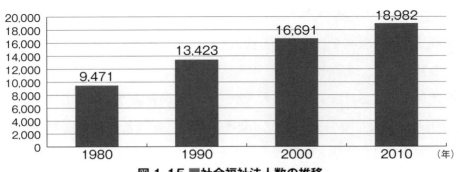

図1-15 ■社会福祉法人数の推移

(4) 第1種社会福祉事業と第2種社会福祉事業

①第1種社会福祉事業

利用者への影響が大きいため、経営の安定を図って利用者の保護の必要性が高いと判断される事業で、具体的には、特別養護老人ホームなどの入居施設や障害者支援施設の経営などで、主に地方公共団体や社会福祉法人によって経営されています。保護施設ならびに養護老人ホーム、特別養護老人ホームは地方公共団体および社会福祉法人によって経営されますが、開設する場合には、都道府県知事の認可が必要です。

②第2種社会福祉事業

第2種社会福祉事業は、比較的利用者への影響が小さいと判断される居宅サービスなどの事業のことです。経営主体としての制限はなく、すべての法人が届け出をすることで、事業を行うことができます。

社会福祉法人における経営タイプには、伝統的な一法人一施設のほかに、一法人複合施設、一法人多業種、さらには医療法人が関連・系列法人として社会福祉法人を開設し社会福祉事業を実施しているといった、保健・医療・福祉複合体もあります。今後の社会福祉法人においては、法人経営の財政面の問題も鑑み、従来の施設運営という意識から、施設経営という意識への転換が必要になってきています。

2）営利法人

(1) 営利法人の位置づけ

営利法人とは営利を目的とする法人で、会社法を根拠とした株式会社や有限会社のことです。

介護保険制度施行前より有料老人ホームや訪問介護等についてはすでに営利法人が参入していましたが、介護保険制度施行後には全面的に介護サービス分野に営利法人が参入することが認められました。

図1-16からもわかるように、サービス供給事業所への営利法人の参入は増え続けて、約半数の事業所が営利団体になり、今後はさらにその数が

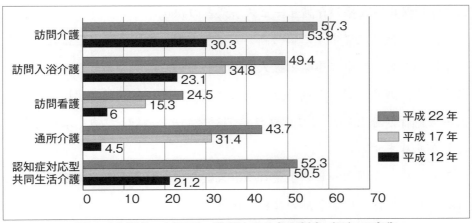

図1-16 ■サービス別・営利法人の参入割合(%)の変化

(厚生労働省:平成12年, 平成17年, 平成22年 介護サービス施設・事業所調査をもとに作成)

増加していくことが予想されます。このように営利法人がサービス供給主体として占める割合も高まってきており、介護保険事業の展開において欠かすことができない存在となっています。

(2) 営利法人の組織と経営

営利法人である株式会社には、会社の最高意思決定機関である株主総会があり、議決権を持つ株主によって構成されます。株主総会では、会社の目的、組織、業務などの定款の変更、法人の解散・合併、取締役・監査役の選任・解任などを行います。また、業務執行に関する会社の意思決定機関として取締役会があります。

しかし、株式会社といってもその組織や経営状況は大きく異なります。介護保険サービスへ参入した営利法人の規模は小さい場合が多く、また参入した地域によっても顧客獲得の状況は異なり、それが直接的に経営に影響を与えることとなります。そのため、営利法人の参入については、大都市近郊では多いものの、地方や過疎地域においては利益が見込めないため参入しないという地域格差を招いています。また、大都市近郊で参入しても採算が合わないため、撤退したり倒産したりする企業もあります。そのため、営利法人はより効率的で効果的な経営を行わなければなりません。

（3）介護保険導入後の介護サービス事業者の課題

　介護サービスに従事する質の高い人材を確保・育成することはたいへんに困難なため、簡単に事業の拡大が図れるものではありません。民間事業者による介護サービスの経営上の主な課題として、①利益が出にくい、②人材の確保が難しい、③コンプライアンス（法令遵守）が強く求められるなどがあります。

　このため、介護サービス事業者の事業経営は、収入が公定価格で決められる一方で人件費比率が高いため、採算確保が容易ではありません。

（4）サービス供給主体の中での民間企業

　p.35 **表1-9**のように、社会福祉サービスを供給する組織は大きく4つに分類できます。それぞれの組織の特徴を生かした運営を探るだけでなく、他の組織との連携も必要です。

3）その他の供給主体の組織と経営

（1）　医療法人

　医療法人とは、1950（昭和25）年に成立した医療法において、医療提供体制の確保と国民の健康の保持を目的として定められた法人です。医療法第三十九条では「病院医師もしくは歯科医師が常時勤務する診療所又は介護老人保健施設を開設しようとする社団または財団」と定義づけされています。

　人の集まりを基盤として設立されるものが社団で、財産を運営するために設立されるものが財団とされます。医療法人は社団が多く、その他には特定医療法人、社会医療法人があり、この2つは公共的で公益的な医療を実施するということで、法人税の優遇や収益事業の実施が可能などの優遇措置がとられます**(表1-11)**。

　医療法人の特徴は非営利性にあり、「医療は国民の生命や身体の安全に直接関わるため、営利企業にゆだねることは適当ではない」という考えが根底にあります。そのため、医療法第五十四条においても「医療法人は余

表 1-11 ■医療法人の形態

	医療法人 （財団または社団）	特定医療法人	社会医療法人
根拠法	医療法	租税特別措置法	医療法
認可・承認	都道府県知事の認可	国税庁長官の承認	都道府県知事の認可
要件	・資産要件 　病院等を開設する場合： 　　自己資本比率20％以上 ・役員数 　理事3人 　監事1人以上 ・理事長 　原則医師または歯科医師	医療法人のうち、 ・財団または持分の定めのない社団 ・自由診療の制限 ・同族役員の制限 ・差額ベッドの制限 　（30％以下） ・給与の制限 　（年間3,600万円以下） 等を満たすもの	・役員・社員等の親族等の制限 ・救急医療等確保事業の実施 ・公的な運営 ・解散時の残余財産の帰属先の制限
法人税率	30％	22％	非課税（収益事業部分は19％）
収益業務の可否	行えない	行えない	可能
法人数	40,030 （うち1人医師医療法人 33,057）	374	215 （2014年）

資料：厚生労働省社会・援護局調べ。
(注) 昭和62年4月以前はすべて厚生労働大臣所管

（平成23年版厚生労働白書資料編を一部修正）

剰金の配当をしてはならない」と規制されています。

　医療法人の組織と経営については、役員として理事3人以上および監事1人以上を置かなければならないとなっており（第四十六条の2）、理事のうち1人は理事長とし、医師または歯科医師で理事から選出することになっています（第四十六条の3）。

　医療法人による社会福祉施設の経営等については、医療法人が系列・グループとして社会福祉法人を設立し、母体となる医療法人と一体的に経営することとなります。すなわち、「医療機関の開設者が、同一法人または関連・系列法人とともに各種の保健・福祉施設のうちいくつかを開設して、保健・医療・福祉サービスをグループ内で一体的（自己完結的）に提供するグループ」として「保健・医療・福祉複合体」として位置づけられます。

また、第5次医療法改正により医療法人による附帯事業が拡大され、有料老人ホームやケアハウスの設置・運営が可能となりました。

（2） 特定非営利活動法人

特定非営利活動法人（以下、NPO法人）は、NPO（Non-Profit Organization）と呼ばれ、民間非営利組織の一形態です。

NPO法人は、事業報告を都道府県に提出し、都道府県が情報を精査し市民や企業に情報公開をし、その情報をもとに市民や企業が寄付金を支払う、というサイクルによって成り立っています。

社会福祉や環境、国際協力などのボランティア活動が民間非営利団体において実施され、社会貢献活動として評価されてきましたが、その団体には法人格がないために法律行為を必要とする際にさまざまな不都合が生じてきました。そのため、民間における活動を促進するために1998（平成10）年「特定非営利活動促進法」が成立しました。

「特定非営利活動」とは、保健、医療または福祉の増進を図る活動、社会教育、まちづくり等12の活動分野（**表1-12**）に限定されています。

NPO法人の組織や運営は定款によって規定されており、そこには団体の目的、名称、住所、事業の種類、会員の種類、役員の種類や権限、業務執行の方法などが記載されています。NPO法人では、それぞれの目的を遂行するミッション、社会的使命を果たすことが求められ、ミッションの

表1-12 ■特定非営利活動促進法による特定非営利活動の活動分野

①保健、医療又は福祉の増進を図る活動
②社会教育の促進を図る活動
③まちづくりの促進を図る活動
④文化、芸術又はスポーツの振興を図る活動
⑤環境の保全を図る活動
⑥災害救助活動
⑦地域安全活動
⑧人権の擁護又は平和の推進を図る活動
⑨国際協力の活動
⑩男女共同参画社会の形成の促進を図る活動
⑪子どもの健全育成を図る活動
⑫前各号に掲げる活動を行う団体の運営又は活動に関する連絡、助言又は援助の活動

（内閣府：特定非営利活動促進法のあらまし．2012）

実現という観点から組織のあり方が規定されます。

NPO法人はその役割が拡大するなかで、「マネジメント能力を有した人材をどのように確保していくのか」という組織上の問題を抱えています。それらの課題をクリアし、NPO法人の特徴や役割を活かせるミッションに基づく組織づくりと事業展開を考えていく必要があります。

（3） 協同組合

福祉サービスを提供する協同組合には、農業協同組合（以下、農協）、生活協同組合（以下、生協）などがあります。農協は、農業協同組合法に基づき設立されており、地方や過疎地域等における組合員同士の相互扶助や地域の高齢者の生活を守るために介護サービス等を提供しています。また、生協は、消費生活協同組合法に基づき設立されており、一定の地域とその住民（会員、組合員）の地域における助け合い精神を基盤にした共助の担い手としての役割を持っています。

3. サービス提供における利用者と供給主体の関係

1）利用者主体のサービス提供における課題

介護サービスの供給主体の多元化は、利用者や社会情勢を反映した福祉ニーズの多様化や高度化に対応するため、多様な担い手がサービスを提供するということです。そこで提供される福祉サービスは、供給する主体の性格や枠組みによって異なってきます。株式会社や非営利活動法人、生協、農協などが供給主体となるなかで、利用者は、自らのニーズに適したサービス供給主体から、適したサービスを適量受けることができるかが重要な課題となってきます。

しかし、福祉サービスの利用者の多くは、サービスを利用するための手続きや判断が難しい場合もあり、自らの福祉ニーズに気づいていない場合や十分認識していないこともあります。また、サービス自体の情報が不足

しているために、手続きなど具体的な行動に移ることのできない高齢者もいます。

　このように福祉サービスの提供者と福祉サービス利用者の間には情報の非対称性が大きく存在し、問題となっています。利用者が契約主体、権利主体として福祉サービスを適切に利用できる環境を整えることが必要となります。そのため、福祉サービスの提供主体が積極的に潜在化している利用者ニーズを掘り起こし、サービスにつなげたり、福祉情報を適切に享受できるような環境をつくることも非常に重要となってきます。

　これらについては社会福祉法に規定がなされており、第七十五条情報の提供、第七十六条利用契約の申し込み時の説明、第七十七条利用契約の成立時の書面の交付、第七十八条福祉サービスの質の向上のための措置等、第七十九条誇大広告の禁止などがあります。

　また、社会福祉法第七十八条では、福祉サービス第三者評価事業について規定されています。

　いずれにしても福祉サービスの提供主体には、福祉サービス利用者が適切に福祉サービスを利用できる環境をつくり、福祉サービスの利用支援システムを整備することが求められます。このように利用者の権利を遵守することが、サービスの質を担保することにつながってくるのです。

> **社会福祉法（情報の提供）**
>
> 第七十五条　社会福祉事業の経営者は、福祉サービス（社会福祉事業において提供されるものに限る。以下この節及び次節において同じ。）を利用しようとする者が、適切かつ円滑にこれを利用することができるように、その経営する社会福祉事業に関し情報の提供を行うよう努めなければならない。
>
> 2　国及び地方公共団体は、福祉サービスを利用しようとする者が必要な情報を容易に得られるように、必要な措置を講ずるよう努めなければならない。

（利用契約の申込み時の説明）

第七十六条　社会福祉事業の経営者は、その提供する福祉サービスの利用を希望する者からの申込みがあつた場合には、その者に対し、当該福祉サービスを利用するための契約の内容及びその履行に関する事項について説明するよう努めなければならない。

（利用契約の成立時の書面の交付）

第七十七条　社会福祉事業の経営者は、福祉サービスを利用するための契約（厚生労働省令で定めるものを除く。）が成立したときは、その利用者に対し、遅滞なく、次に掲げる事項を記載した書面を交付しなければならない。

一　当該社会福祉事業の経営者の名称及び主たる事務所の所在地
二　当該社会福祉事業の経営者が提供する福祉サービスの内容
三　当該福祉サービスの提供につき利用者が支払うべき額に関する事項
四　その他厚生労働省令で定める事項

2　社会福祉事業の経営者は、前項の規定による書面の交付に代えて、政令の定めるところにより、当該利用者の承諾を得て、当該書面に記載すべき事項を電子情報処理組織を使用する方法その他の情報通信の技術を利用する方法であって厚生労働省令で定めるものにより提供することができる。この場合において、当該社会福祉事業の経営者は、当該書面を交付したものとみなす。

（福祉サービスの質の向上のための措置等）

第七十八条　社会福祉事業の経営者は、自らその提供する福祉サービスの質の評価を行うことその他の措置を講ずることにより、常に福祉サービスを受ける者の立場に立つて良質かつ適切な福祉サービスを提供するよう努めなければならない。

2　国は、社会福祉事業の経営者が行う福祉サービスの質の向上のための措置を援助するために、福祉サービスの質の公正かつ適切な評価

の実施に資するための措置を講ずるよう努めなければならない。
(誇大広告の禁止)
第七十九条　社会福祉事業の経営者は、その提供する福祉サービスについて広告をするときは、広告された福祉サービスの内容その他の厚生労働省令で定める事項について、著しく事実に相違する表示をし、又は実際のものよりも著しく優良であり、若しくは有利であると人を誤認させるような表示をしてはならない。

2) 利用者の権利遵守と供給主体の責任

　供給主体におけるサービス提供の責任ということも問われてきています。介護保険制度開始直後、営利法人であったコムスンは全国的に訪問介護事業所拠点を展開しました。しかし採算がとれないことを理由に撤退するといった営利を追求する経営方針によって、福祉サービスの利用者が切り捨てられるといった事態が生じました。さらに介護報酬不正請求事件なども発生し、営利法人による介護事業の信頼を大きく踏みにじりました。

　このような介護サービス事業者による不正の再発防止を図り、「医療・介護サービスの質向上・効率化プログラム」を推進することとなりました。さらに介護サービス事業者の組織体質ばかりではなく、直接的なサービスを提供する人材の質も大きな課題となっています。

　営利法人においては、介護福祉士や社会福祉士といった有資格者を配置し専門性を高めていくとともに、質の高いサービスの提供、社会人としての良識のある利用者へのかかわりなども必要となってきます。

　そして、ISO（国際標準化機構）等の制度も活用し、客観的にサービスの品質管理と確保に努め、介護事故発生時の対応等、リスクマネジメントにも配慮していくことが求められます。

3) 介護保険サービスの理念

　利用者の権利を守るためのサービス提供事業所の責任をはっきりと位置

づけるために、自己決定の尊重、生活の継続、自立支援（残存能力の活用）が介護理念の大きな3本の柱として位置づけられます。介護保険ではさらに具体的に以下の7つの目標が設定されています。

　①予防とリハビリテーションの重視
　②高齢者自身による選択
　③在宅ケアの推進
　④利用者本位のサービス提供
　⑤社会連帯による支え合い
　⑥介護基盤の整備
　⑦重層的で効率的なシステム

第 2 章

介護福祉事業の基礎知識

この章で学習した後で、以下のテーマについて話し合いましょう。

- どうなる、これからの介護保険制度
- 「良いサービスとは」「良いサービスを提供するには」
- 自法人・事業所の経営の現状・対策・今後の方向性
- 法人・事業所・職種として求められる、市町村（保険者）との関係性（現状・課題・改善策）
- 法人・事業所・職種として求められる、地域包括支援センターとの関係性（現状・課題・改善策）
- これからの介護福祉における自法人の役割（他の供給主体との連携、課題）

1 介護保険制度のしくみ

1. 介護保険制度創設の経緯

1）わが国の現状と問題
（1） 人口構造の高齢化と将来展望
　わが国が高齢化し、さまざまな問題が生じているとさかんにマスコミなどで報じられています。その根拠となる、内閣府からの報告（平成26年版高齢社会白書）を紹介します。

①高齢化率の上昇
- わが国の総人口は、平成25（2013）年10月1日現在、1億2,730万人と、平成23（2011）年から3年連続で減少しています。
- 65歳以上の高齢者人口は、過去最高の3,190万人（前年度3,079万人）となり、総人口に占める割合（高齢化率）も25.1％（前年度24.1％）と過去最高を記録しました。
- 高齢者人口のうち、65～74歳の人口は1,630万人で総人口に占める割合は12.8％、75歳以上の人口は1,560万人で総人口に占める割合は12.3％であり、平成25年は、前年に引き続き65～74歳の人口が増加しています。
- わが国の65歳以上の高齢者人口は、昭和25（1950）年には総人口の5％以下でしたが、昭和45（1970）年に7％を超え、さらに平成6（1994）年には14％を超えて、「高齢社会」といわれるようになりました。日本では65歳以上の人が毎年100万人近く増えているのです（**図2-1**）。

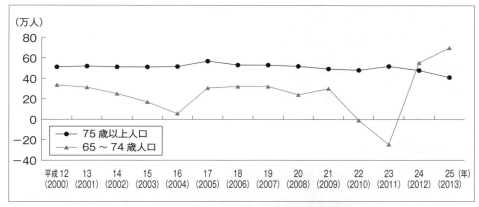

図2-1 ■高齢者人口の対前年増加数の推移

(総務省「国勢調査」「人口推計」(各年10月1日現在)より内閣府作成)

② 50年後の日本

- わが国の総人口は、長期の人口減少過程に入っており、平成38（2026）年に人口1億2,000万人を下回った後も減少を続け、平成72（2060）年には8,674万人になると推計されています。

- 一方、高齢者人口は今後、平成27（2015）年には3,395万人となり、平成37（2025）年には3,657万人に達すると見込まれています。その後も高齢者人口は増加を続け、平成54（2042）年に約3,878万人でピークを迎え、その後は減少に転じると推計されています。

- 総人口が減少する中で高齢者が増加することにより高齢化率は上昇を続け、平成47（2035）年に33.4％となり、日本国民の3人に1人が高齢者となります。平成54年以降は高齢者人口が減少に転じますが高齢化率は上昇を続け、平成72年には39.9％に達して、国民の約2.5人に1人が65歳以上となる社会が到来すると推計されています。また、平成72年には75歳以上の高齢者が26.9％となり、4人に1人が75歳以上になると推計されています。

（2） 介護者の負担

① 現役世代と高齢者の比率

- 65歳以上の高齢者人口と15～64歳人口の比率を見てみると、昭和25年

には1人の高齢者に対して12.1人の現役世代（15〜64歳の者）がいたのに対して、平成27年には高齢者1人に対して現役世代は2.3人になっています。今後、高齢化率は上昇を続け、現役世代の割合は低下し、平成72年には、1人の高齢者に対して1.3人の現役世代という比率になります(図2-2)。

②介護者の高齢化

- 同居している主な介護者の続柄を見ると、「配偶者」が25.7％で最も多く、次いで「子ども」が20.9％、「子どもの配偶者」が15.2％となっています。
- 同居の主な介護者と要介護者の組合せは、「70〜79歳」の要介護者では「70〜79歳」の介護者の割合が42.6％、「80〜89歳」の要介護者では「50〜59歳」の介護者の割合が37.4％で最も多くなっています。このことから、「70〜79歳」の要介護者の介護は配偶者、「80〜89歳」の要介護者

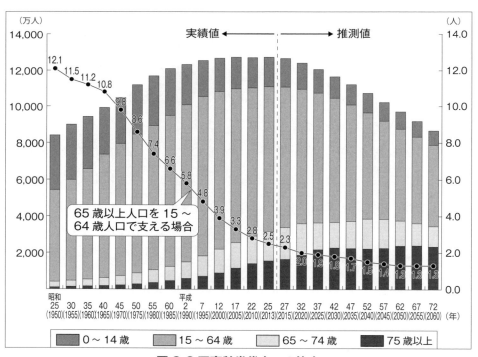

図2-2 ■高齢世代人口の比率

資料：2010年までは総務省「国勢調査」、2013年は総務省「人口推計」（平成25年10月現在）、2015年以降は国立社会保障・人口問題研究所「将来推計人口（平成24年1月推計）」の出生中位・死亡中位仮定による推計結果。
（内閣府：平成25年版高齢社会白書（全体版）．将来推計人口でみる50年後の日本）

表 2-1 ■主な地域の 75 歳人口とその割合の推移

	主な人口の多い地域					
	埼玉県	千葉県	神奈川県	大阪府	愛知県	東京都
2010年 〈 〉は割合	58.9万人 〈8.2%〉	56.3万人 〈9.1%〉	79.4万人 〈8.8%〉	84.3万人 〈9.5%〉	66.0万人 〈8.9%〉	123.4万人 〈9.4%〉
2015年 〈 〉は割合 （ ）は倍率	117.7万人 〈16.8%〉 （2.00倍）	108.2万人 〈18.1%〉 （1.92倍）	148.5万人 〈16.5%〉 （1.87倍）	152.8万人 〈18.2%〉 （1.81倍）	116.6万人 〈15.9%〉 （1.77倍）	197.7万人 〈15.0%〉 （1.60倍）

	主な人口の少ない地域			
	鹿児島県	島根県	山形県	全国
2010年 〈 〉は割合	25.4万人 〈14.9%〉	11.9万人 〈16.5%〉	18.1万人 〈15.5%〉	1419.4万人 〈11.1%〉
2015年 〈 〉は割合 （ ）は倍率	29.5万人 〈19.4%〉 （1.16倍）	13.7万人 〈22.1%〉 （1.55倍）	20.7万人 〈20.6%〉 （1.15倍）	2178.6万人 〈18.1%〉 （1.54倍）

（厚生労働省老健局総務課：公的介護保険制度の現状と今後の役割）

の介護は、高齢の子どもが担っていることがわかります。
●75歳以上人口は都市部で急速に増加し、すでに高齢化率の高くなっている地方でも緩やかな増加傾向が続きます。各地域の高齢化の状況はそれぞれ異なるため、各地域の特性に応じた対応が必要になります（**表2-1**）。

2）介護保険制度はなぜできたのか

（1）　介護保険成立までの経緯

　わが国で最初に高齢者福祉政策が始まったのは、1960年代のことです。この時期の高齢化率は5.7%で、1人の高齢者を約20人の現役世代で支えていました。昭和48（1973）年には老人医療費が無料化されましたが、高齢者人口の増加や社会的入院や寝たきりの高齢者の問題が発生したため、老人医療費が増大し、医療費の削減のために「老人保健法」が制定され、一定額負担が導入されました。平成元（1989）年には、これからの高齢社会に備えるために高齢者の尊厳を守ることを目的に、「高齢者保健福祉推

進10カ年戦略(ゴールドプラン)」、さらに平成6(1994)年に「新ゴールドプラン」が策定されました。

　新ゴールドプランの実施によって在宅介護の充実が図られましたが、家族構成の変化やさらなる人口の高齢化など、さまざまな要因から高齢者の問題を一部の当事者の問題ととらえるのではなく、すべての国民で高齢者を支える必要があるとして、平成12(2000)年に「介護保険制度」が施行されました**(表2-2)**。

(2) 介護保険制度の理念

　介護保険制度は、高齢者人口の増加や介護期間の長期化などの変化に加え、家族構成の変化や介護者の高齢化など介護をめぐる諸問題を解決するため、高齢者の介護を社会全体で支えるしくみとして創設されました。

　介護保険制度の主な理念は、以下の3項目になります。

表2-2 ■高齢者保健福祉政策の流れ

年代	高齢化率		主な政策
1960年代 高齢者福祉政策の始まり	5.7% (1960年)	1963年	老人福祉法制定 ◇特別養護老人ホーム創設 ◇老人家庭奉仕員(ホームヘルパー)法制化
1970年代 老人医療費の増大	7.1% (1970年)	1973年	老人医療費無料化
1980年代 社会的入院や寝たきり老人の社会問題化	9.1% (1980年)	1982年 1989年	老人保健法の制定 ◇老人医療費の一定額負担の導入等 ゴールドプラン(高齢者保健福祉推進10カ年戦略)の策定 ◇施設緊急整備と在宅福祉の推進
1990年代 ゴールドプランの推進	12.0% (1990年)	1994年	新ゴールドプラン(新・高齢者保健福祉推進十か年戦略)策定 ◇在宅介護の充実
介護保険制度の導入準備	14.5% (1995年)	1996年 1997年	連立与党3党政策合意 介護保険制度創設に関する「与党合意事項」 介護保険法成立
2000年代 介護保険制度の施行	17.3% (2000年)	2000年	介護保険施行

(厚生労働省老健局総務課:公的介護保険制度の現状と今後の役割. 平成26年)

> - 自立支援………単に介護を要する高齢者の身の回りの世話をするだけではなく、高齢者の自立を支援することを理念とする。
> - 利用者本位………利用者の選択により、多様な主体から保健医療サービス、福祉サービスを総合的に受けられる制度。
> - 社会保険方式………給付と負担の関係が明確な社会保険方式を採用。

(厚生労働省老健局総務課：公的介護保険制度の現状と今後の役割．平成26年)

(3) 従前の制度と介護保険制度

介護保険以前、介護サービスは行政主導であり、利用者本位のしくみとはなっていませんでした。介護保険制度では、自己決定の尊重、生活の継続、自立支援(残存能力の活用)の介護の3本の柱の実現に向けた制度となりました(**図2-3**)。

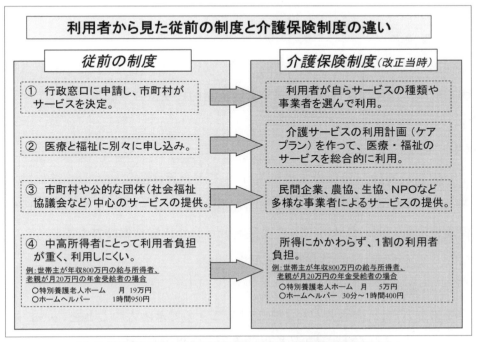

図2-3 ■利用者から見た従前の制度と介護保険制度の違い

(厚生労働省老健局総務課：公的介護保険制度の現状と今後の役割．平成26年)

2. 介護保険制度のしくみ

1）介護保険制度の概要

介護保険は、医療保険、年金保険、雇用保険、労災保険に続く「第5の社会保険」と呼ばれています。

介護保険制度の概要は、以下のようになっています。

（1） 目的

- 老後の最大の不安要因である介護を国民皆で支えるしくみとします。
- 社会保険方式により給付と負担の関係を明確にし、国民の理解を得られやすいしくみとします。
- 従来の縦割りの制度を再編成し、利用者の選択により、多様な主体から保健医療サービス・福祉サービスを総合的に受けられるしくみとします。
- 介護を医療保険から切り離し、社会保障構造改革の皮切りとなる制度とします。

（2） 保険者

保険者は、市町村および特別区です。安定的な運営を図るために、国、都道府県、医療保険者、年金保険者が重層的に支え合う制度となっています。

（3） 被保険者（表2-3）

介護保険では、40歳以上の国民すべてが介護保険に加入し、被保険者となります。65歳以上の人が第1号被保険者、40〜64歳までの人で医療保険に加入している人が第2号被保険者となり、毎月保険料を支払うことになります（保険料額で計算は異なる）。

（4） 受給権者（利用者）とは

受給権者とは、介護サービスを受けることのできる人のことをいいます。受給権者となるのは、第1号被保険者（65歳以上）で要介護・要支援の認定を受けた人、および第2号被保険者（40〜64歳）で特定疾病の診断を受け、

表2-3 ■被保険者・受給権者・保険料負担、賦課・徴収方法

	第1号被保険者	第2号被保険者
対象者	65歳以上の者	40歳以上、65歳未満の医療保険加入者
受給権者	・要介護者（寝たきり・認知症等で介護が必要な状態） ・要支援者（日常生活に支援が必要な状態）	要介護・要支援状態が、末期がん・関節リウマチ等の加齢に起因する疾病（特定疾病）による場合に限定
保険料負担	市町村が徴収	医療保険者が医療保険料として徴収し、納付金として一括して納付
賦課・徴収方法	・所得段階別定額保険料（低所得者の負担軽減） ・老齢退職年金給付（※）年額18万円以上の方は特別徴収（年金からのお支払い） それ以外の方は普通徴収	・健保：標準報酬及び標準賞与×介護保険料（事業主負担あり） ・国保：所得割、均等割等に按分（国庫負担あり）

（※）平成18年4月から障害年金・遺族年金も対象。

（厚生労働省：平成22年版　厚生労働白書．資料編）

要介護・要支援の認定を受けた人になります。

(5) 利用手続

- 本人または家族が申請書に被保険者証を添えて市町村に提出し、申請を行います（地域包括支援センター、居宅介護支援事業者、介護保険施設などが、代行することもできます）。
- 申請を受けた市町村は、全国統一の方式により介護の必要度を調査し、その結果をもとにコンピューターによる一次判定を行います。
- 一次判定の結果と主治医の意見書、調査時の記述事項の内容をもとに、介護認定審査会での二次判定が行われ、介護認定が行われます。二次判定では、要介護1〜5、要支援1〜2の要介護度が決定されます（要介護認定基準は、全国一律に客観的に定める）**（表2-4）**。
  ⇒要介護度に応じた給付額（在宅の場合は支給限度基準額）を設定。
- 本人の需要に適応したサービスを総合的・計画的に提供する観点から、介護支援専門員（ケアマネジャー）等が介護サービス計画（ケアプラン）の作成を行います。
- 介護支援専門員は、介護サービス計画に沿って介護事業者などとの調整

表2-4 ■要介護認定の審査判定基準

区　分	基　　準
要支援1	要介護認定等基準時間が25分以上32分未満、またはこれに相当する状態
要支援2	要介護認定等基準時間が32分以上50分未満、またはこれに相当する状態（要介護1と比べ認知症の程度が軽く、症状も比較的安定）
要介護1	要介護認定等基準時間が32分以上50分未満、またはこれに相当する状態
要介護2	要介護認定等基準時間が50分以上70分未満、またはこれに相当する状態
要介護3	要介護認定等基準時間が70分以上90分未満、またはこれに相当する状態
要介護4	要介護認定等基準時間が90分以上110分未満、またはこれに相当する状態
要介護5	要介護認定等基準時間が110分以上、またはこれに相当する状態

（馬場 博監修：介護経営のしくみ．日本医療企画, p18. 2014）

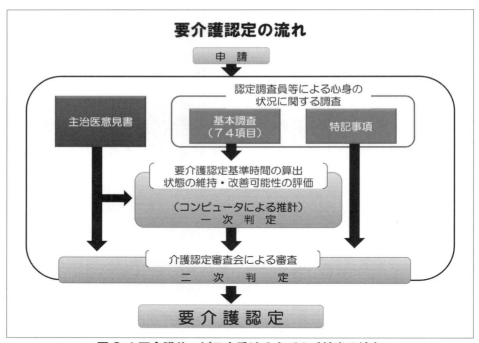

図2-4 ■介護サービスを受けるまでの手続きの流れ

（厚生労働省：公的介護保険制度の現状と今後の役割, p19. 平成25年）

を図り、計画書に沿ったサービスを提供します（図2-4）。

（6）介護給付の内容

　介護保険の給付は、原則現物給付で行われます。サービス内容ごとに報

表 2-5 ■介護報酬単位例

サービス内容	条　件	介護報酬単位
訪問介護（身体介護）	20分未満	165
	20分以上30分未満	245
	30分以上1時間未満	388
	1時間以上1時間半未満	564
	以後30分増すごとに	80
訪問介護（生活援助）	20分以上45分未満	183
	45分以上	225
訪問看護（指定訪問看護ステーション）	20分未満	310
	30分未満	463
	30分以上1時間未満	814
	1時間以上1時間半未満	1117
通所介護（通常規模）5時間以上7時間未満	要介護1	572
	要介護2	676
	要介護3	780
	要介護4	884
	要介護5	988
介護福祉施設（ユニット型個室）1日につき	要介護1	625
	要介護2	691
	要介護3	762
	要介護4	828
	要介護5	894

1単位の単価は10円を基本とし、地域区分・サービスの種類に応じ、規定の割合を乗じて得た額となる。
（馬場 博監修：介護経営のしくみ．日本医療企画，p21．2014より一部改編）

酬の単位数（1単位10円）が決定され（**表2-5**）、介護認定ごとに規定された単位数の中で、利用するサービスの単位数の合計が給付されます。

主なサービス内容は、居宅サービス、地域密着型サービス、施設サービスに分類されます。

①居宅サービス

訪問介護、訪問入浴介護、訪問看護、訪問リハビリテーション、通所介護、通所リハビリテーション、短期入所生活介護、短期入所療養介護、福

祉用具貸与、など。

②地域密着型サービス

定期巡回・随時対応型訪問介護看護、認知症対応型共同生活介護など。

③施設サービス

介護老人福祉施設（特別養護老人ホーム）、介護老人保健施設、介護療養型医療施設。

（7）利用料

・1割の定率負担（一定以上の所得の場合は2割）＋入院・入所時は食事の標準負担
・1割負担が高額の場合は、高額介護サービス費により負担上限を設定
・食事の標準負担および高額介護サービス費については、低所得者に配慮（補足給付）

（8）保険料

- 第1号被保険者（65歳以上の高齢者）の保険料は、負担能力に応じた負担を求める観点から、原則として各市町村ごとの所得段階別の定額保険料とし、低所得者への負担を軽減する一方、高所得者の負担は所得に応じたものにします。
- 第2号被保険者（40～64歳）の保険料は、加入している医療保険者ごとの算定方法により算定されます。

（9）費用負担

- 介護給付に必要な費用は、国が全体の25％、都道府県が12.5％、市町村が12.5％を負担し、残りの50％が被保険者の保険料によって賄われます。なお、国費の5％は市町村間の財政力や格差の調整のための調整交付金にあてられます。

2）特定疾病

特定疾病とは、以下の要件を満たし、また加齢に伴って生ずる心身の変化に起因し、要介護状態の原因となる心身の障害を生じさせることが認められる疾病のことです（厚生労働省　特定疾病の選定基準の考え方より）。

- 65歳以上の高齢者に多く発生しているが、40歳以上65歳未満の年齢層

においても発生が認められるなど、罹患率や有病率（類似の指標を含む）について加齢との関係が認められる疾病であって、その医学的概念を明確に定義できるもの。

● 3〜6か月以上継続して要介護状態または要支援状態となる割合が高いと考えられる疾病。

介護保険制度における要介護認定の際の運用を容易にする観点から、個別疾病名を列記しています（介護保険法施行令第二条、**表2-6**）。

表2-6 ■ 特定疾病

①がん【がん末期】※：医師が一般に認められている医学的知見に基づき回復の見込みがない状態に至ったと判断したものに限る。
②関節リウマチ※
③筋萎縮性側索硬化症
④後縦靱帯骨化症
⑤骨折を伴う骨粗鬆症
⑥初老期における認知症
⑦進行性核上性麻痺、大脳皮質基底核変性症及びパーキンソン病【パーキンソン病関連疾患】※
⑧脊髄小脳変性症
⑨脊柱管狭窄症
⑩早老症
⑪多系統萎縮症※
⑫糖尿病性神経障害、糖尿病性腎症及び糖尿病性網膜症
⑬脳血管疾患
⑭閉塞性動脈硬化症
⑮慢性閉塞性肺疾患
⑯両側の膝関節又は股関節に著しい変形を伴う変形性関節症

（※印は平成18年4月に追加、見直しがなされたもの）

3. 介護保険制度の改正

介護保険法は平成12（2000）年に施行されてから、平成15（2003）年、平成18（2006）年、平成20（2008）年、平成21（2009）年、平成23（2011）年、平成24（2012）年、平成25（2013）年に改正が行われ、平成26（2014）年にも改正されました（**表2-7**）。

表2-7 ■介護福祉の変遷

年	制度内容	概要
2000（平成12）年	・介護保険制度スタート	**2000年～：介護保険制度の時代** 2000年に施行された介護保険法は、介護を取り巻く社会環境を大きく変化させました。それぞれに提供されていた介護に関わる保健・医療・福祉のサービスが、「ケアマネジメント」という方法を通じて統合されました。国の社会保障の財政状況が逼迫するなかで、介護サービスの効率的な提供が強く求められ、また、利用者個別のニーズに合った質の高いサービスが求められる時代となっています。
2003（平成15）年	・支援費制度スタート	
2006（平成18）年	・介護保険制度改正 ・医療制度改革 ・障害者自立支援法成立 ・高齢者虐待防止法成立	
2008（平成20）年	・75歳以上の老人医療は老人保健法が定める後期高齢者医療制度へ移行 ・老人保健法が定める保健事業は健康増進法へ移行 ・老人保健法が、後期高齢者医療制度の発足に合わせ「高齢者の医療の確保に関する法律」と名称変更	
2009（平成21）年	・介護報酬改定	
2011（平成23）年	・高齢者の居住の安定確保に関する法律（高齢者住まい法）改正	
2012（平成24）年	・介護保険制度改正 ・介護報酬改定	
2013（平成25）年	・障害者総合支援法施行	
2014（平成26）年	・介護保険制度改正	

（馬場 博監修：介護経営のしくみ．日本医療企画，p15．2014より改変）

4. 平成26（2014）年介護保険制度の改正の主な内容

1）地域包括ケアシステムの構築

（1）地域包括ケアシステム導入の経緯・背景

　前にも述べたように、日本の人口の高齢化は深刻です。65歳以上の人口は、現在3,000万人を超え（総人口の25.1％）、平成54（2042）年には約3,878万人でピークを迎えますが、その後も、75歳以上の人口割合は増加し続けることが予想されています。

　このような状況の中、いわゆる団塊の世代（1947～49年生まれの約800万人）が75歳以上となる平成37（2025）年以降は、国民の医療や介護の需

1 介護保険制度のしくみ

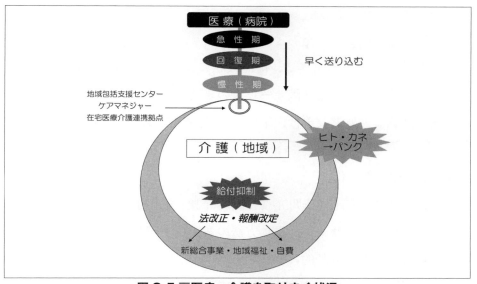

図2-5 ■医療・介護を取りまく状況

要がさらに増加し、医療費と介護にかかる費用の増大が予想されます（図2-5）。

　少しでもこれらの費用の軽減を図りながら、可能な限り住み慣れた地域で自分らしい暮らしを人生の最期まで続けられるよう、平成37（2025）年を目途に、地域の包括的な支援・サービス提供体制を構築するために、地域包括ケアシステムが導入されました。

(2) サービスの充実

- 地域包括ケアシステムの構築に向けて、地域支援事業の充実を図ります。
- 地域支援事業は、被保険者の要介護・要支援状態への移行を予防し、要介護状態になっても、可能な限り、地域で自立した日常生活を送れることを目的とした事業です。地域支援事業には、介護予防・日常生活支援総合事業、包括的支援事業、任意事業があります。

地域支援事業の取り組み
①在宅医療と介護との連携の推進
②認知症施策の推進

③地域ケア会議の推進

④地域支援サービスの充実と強化
- 介護サービスの充実は、前回改正による24時間対応の定期巡回サービスを含めた介護サービスの普及を推進
- 介護職員の処遇改善は、平成27年度介護報酬改定で対応

（3）重点化・効率化

- 全国一律の予防給付（訪問介護・通所介護）を市町村が取り組む地域支援事業に移行し、サービス提供方法の多様化を図ります。
  - 各市町村ごとに段階的に移行する（〜平成29年度）
  - 介護保険制度内でのサービス提供であり、財源構成も変わらない
  - 見直しにより、既存の介護事業所による既存サービスに加え、NPO、民間企業、住民ボランティア、協同組合などによる多様なサービスの提供が可能。これにより、効果的、効率的な事業の実施が可能になる
- 特別養護老人ホームの新規入所者を、原則、要介護3以上に重点化（既入所者は除く）します。
  - 要介護1、2でも、やむを得ない事情がある場合には入所可能

2）費用負担の公平化

低所得者が支払う保険料を軽減するだけでなく、保険料の上昇をできる限り抑えるため、また所得や資産のある受給権者（利用者）の負担を見直すため、「低所得者の保険料軽減を拡充」と「重点化・効率化」が図られました。

（1）低所得者の保険料軽減を拡充

- 低所得者の保険料の軽減割合を拡大します。

給付費の5割の公費負担に加えて別枠で公費を投入し、低所得者の保険料の軽減割合を拡大（軽減例・対象は完全実施時のイメージ）します。

- 保険料見直し：現在月額5,000円程度の保険料を支払っている被保険

者の場合、2025年度には月額8,200円程度の引き上げが見込まれる
- 軽減例：年金収入年額80万円以下の場合、公費負担割合を5割程度から7割程度に拡大する
- 軽減対象：軽減対象となるのは、市町村民税非課税世帯（65歳以上の約3割）とする

（2） 重点化・効率化

● 一定以上の所得がある利用者の自己負担額を引き上げます。
- 利用者の自己負担額を1割から2割とする。2割負担とする所得水準は、65歳以上の高齢者の上位20％に該当する合計所得金額が年額160万円以上（単身で年金収入のみの場合、年額280万円以上）。ただし月額の上限があるため、見直し対象全員の負担が2倍になるわけではない
- 医療保険の現役並み所得相当の人は、月額上限を37,200円から44,000円に引き上げる

● 低所得の施設利用者の食費・居住費を補填する「補足給付」の要件に、資産などを追加することになりました。
- 預貯金などが単身1,000万円超、夫婦2,000万円超の場合は対象外
- 世帯分離した場合でも、配偶者が課税されている場合は対象外
- 給付額の決定にあたり、非課税年金（遺族年金、障害年金）を収入として勘案（不動産を勘案することは、引き続き検討課題）する

2 介護福祉事業経営を理解する

1. 組織の経営資源となる「人」「もの」「金」

　どのような事業であっても、「経営」は必要です。経営とは、「経営理念」を追求しながら、「経営資源」を効果的・効率的に活用して「利益」をあげ、組織力を高めていくことであり、これは介護福祉事業にも当てはまることです。

　では、介護福祉事業において、「経営」という視点がなかったらどうなるでしょうか。経営の視点がない事業運営とはすなわち、「経営資源」である「人」「もの」「金」を、効率を無視して使っていくということを意味します。

　たとえば、ある介護施設が職員不足で悩んでいたとします。施設で働きたいという応募も少なく、また勤める職員からも「人手が足りない」などといった不平が出ていたとします。そこで、応募者数を増やし、現在の職員も満足させるために、施設経営者が「すべての職員の月給を5万円引き上げる」とする意思決定をしたとします。これで応募職員は増え、現在の職員も満足し、結果的に利用者満足につながるためいいことづくめ、というわけにはいきません。なぜなら、この意思決定には「金」の視点がないからです。つまり、賃金を5万円上げるということは、その賃金の増加分をまかなうだけの財源がなければ話になりません。また、「賃金を5万円上げることで、職員一人あたりの成果が5万円以上増加し、施設に利益をもたらすか」という視点も必要になります。

　このように、「経営資源」の効率的・効果的な活用を考えるのが「経営」

の基本です。「経営資源」を効率的・効果的に活用して「利益」をあげることで、事業所はその利益の一部を職員に還元し、そうすることで職員の満足度は上昇し、結果的に利用者の満足にもつながります。つまり、「経営」を行うことで、事業所などの法人や介護職員、そして利用者やその家族など、より多くのニーズを満たすことができるのです。ですから、介護福祉事業においても、経営の視点を欠かすことはできないと言えます。

以下、経営資源である「人」「もの」「金」のそれぞれについて説明していきます。

2. 介護経営の「人」

1）介護経営における「人」とは
（1） 人の活動

介護経営において「人」とは、介護福祉にかかわる専門職の集団になります。しかし専門職であってもサービス業のスタッフであり、顧客満足度を高める活動が必要になります。以下のドラッカーの5つの質問をスタッフに課し、利用者に満足してもらえる介護サービスを提供できるようにすることが必要です。

---

1. われわれのミッションは何か？→社会に貢献すること
2. われわれの顧客は誰か？→利用者および家族
3. 顧客にとっての価値は何か？→満足した生活を送ること
4. われわれにとっての成果は何か？→自分が仕事を通して、人に喜んでもらい、社会に貢献しているという手ごたえを感じること
5. われわれの計画は何か？→利用者の満足度を高める計画

（2） 人によって行われるサービス

　介護サービスは、介護現場で働くスタッフ一人ひとりが提供するものです。そのため、スタッフは常に自分自身が行うサービスの質を高めるよう自己研鑽に努めることが必要です。また一方では、どのスタッフがサービスを行っても、提供するサービスの質が一定に保たれるように職場のしくみを整えることも必要です。そのためには、経営者・管理者や現場のリーダーの指導力・管理力が必要です。

2）介護福祉にかかわる専門職

①医師・薬剤師・看護師
- 医師は、在宅サービスでは主治医として、施設サービスでは生活支援から身体状況の変化に応じた治療・処置までの医療支援を、看護師とともに行います。
- 薬剤師は医師の指示のもと薬を処方しますが、利用者が正確に服薬できるような支援も行います。
- 看護師は医師とともに、生活支援から治療支援までの医療支援を行い、介護者とともに利用者への自立に向けた支援を行います。

②訪問介護員（介護職員初任者研修、実務者研修修了者、旧ホームヘルパー）
　介護を必要とする利用者に対し、利用者宅に訪問し家事援助から身体介助までの介護サービスを提供します。

③介護福祉士
　介護福祉に関する専門知識をもって、介護等の支援を必要とする人たちの生活の自立に向けたサービスを提供する国家資格です。

④介護支援専門員（ケアマネジャー）
　介護認定された利用者と介護サービス計画書（ケアプラン）を作成し、利用するサービス事業所への連絡や調整、便宜を図ります。

⑤理学療法士、作業療法士、言語聴覚士
- 理学療法士（PT）は、病気やケガなどによって動作に支障が生じた人に

対し、基本動作の訓練などを通して回復を図る国家資格です。
- 作業療法士（OT）は、身体または精神に障害のある人に対し、作業療法を通して回復を図る国家資格です。
- 言語聴覚士（ST）は、病気や事故などによって、音声機能、言語機能、摂食・嚥下機能、聴覚に障害のある人に対し、機能向上のための言語訓練やその他の訓練を行う国家資格です。

⑥栄養士・調理師
- 管理栄養士は、医師の指示に基づいて、治療食や制限食などの献立をたてる国家資格です。
- 栄養士は、施設において利用者に適切な食事が提供できるよう、献立を考えるだけでなく、食事にかかわる衛生面の管理も行います。
- 調理師は、栄養士の指示のもと安全でおいしい食事を作ります。

3）各介護事業所の人員基準

　介護事業所の開設にあたっては、指定基準を満たした書類を都道府県または市町村に提出し認可されなければなりません。それには、サービスの質を保つための人員の規定が定められています。以下に、主な介護事業の事業所ごとの人員基準を記します。

（1）　訪問介護
- 介護福祉士または訪問介護員（ホームヘルパー）は、常勤換算で2.5人以上（サービス提供責任者を含む）必要です。

　常勤換算：パート職員のサービス提供時間の合計を、常勤者の1日の勤務時間で割ったもの
- 訪問介護業務に従事するスタッフのうち、ケアマネジャーが作成したケアプランを基に、具体的な介護計画書を作成したり、訪問介護サービスに関する調整、管理、教育などを行う1人以上のサービス提供責任者を配置する必要があります。サービス提供責任者は、介護福祉士、介護職員基礎研修修了者、訪問介護員1級課程研修修了者、実務者研修修了者、

訪問介護員2級課程研修修了者で実務経験3年以上を有する者のいずれかの要件を満たしていなければなりません。
- 管理者の職務に従事する常勤管理者を配置しなければなりません。

（2） 通所介護

- 事業所で勤務する介護職員または生活相談員のうち、1名以上は常勤の職員を配置しなければなりません。
- 介護業務を提供する看護職員が1名以上必要です。
- 介護職員は、利用者の数が15人までは1名以上、それ以後は16人から20人までは2名以上というように、5人を区切りに増員の必要があります。
- 理学療法士、作業療法士、言語聴覚士、看護職員、柔道整復師またはあん摩マッサージ指圧師の資格をもつスタッフのうち、1名以上を機能訓練指導員としなければなりません。

（3） 訪問看護（訪問看護ステーション）

- 保健師・看護師・准看護師は常勤換算で2.5人以上必要です。
- 管理者（保健師または看護師）の職務に従事する常勤管理者を配置しなければなりません

（4） 定期巡回・随時対応型訪問介護看護

- 利用者からの通報を受けるオペレーターとして、常勤の看護師、介護福祉士などが1人以上常駐しなければなりません。
- 定期巡回サービスを行う訪問介護員の人数は、サービスを利用する利用者に十分なサービスを提供できる人数とされています。
- 随時訪問サービスを行う訪問介護員等として、専従で1名以上を配置しておかなければなりません。
- 訪問看護サービスを行う保健師、看護師は、1人以上は常勤であり、常勤換算で2.5名の人員の確保が必要です。

（5） 認知症対応型共同生活介護

- 介護職員は、共同生活住居（ユニット）ごとに常勤換算で、利用者：介護員＝3：1以上の比率で配置しなければなりません。

- 共同生活住居（ユニット）ごとに、専従の常勤管理者（認知症介護の経験3年以上で、厚生労働省指定の研修受講者）を配置しなければなりません。
- 共同生活住居（ユニット）ごとに、計画作成担当者（厚生労働省指定の研修受講者に限る）を配置しなければなりません。
- 代表者は介護業務従事経験者または介護事業経営経験者で、厚生労働省指定の研修受講者でなければなりません。

（6） 介護老人福祉施設

- 医師は、入所者に対し健康管理および療養上の指導を行うために必要となる人数を配置しなければなりません。
- 生活相談員として、入所者の数が100人未満では1名、それ以上増すごとに1名以上増員して配置する必要があります。
- 介護職員および看護職員は、常勤換算で入所者3人に対し1名以上としなければなりません。
- 看護職員の数は、入所者の数が30人を超えない場合は、常勤換算で1名以上、30人以上50人未満の場合は2名以上、50人以上150人未満の場合は3名以上、130人以上の場合は3名に、以降は、入所者の数が50名増えるごとに1名以上の増員が必要になります。
- 栄養士は、入所定員が40人を超える施設での1名以上の配置が必要です。
- 機能訓練指導員を1名以上配置しなければなりません。
- 介護支援専門員として1名以上配置しなければなりません（入所者の数が100人を超えるごとに1名増員を標準とする）。

（7） 介護老人保健施設

- 医師は常勤換算で、入所者100人に対し1名の割合で配置しなければなりません。
- 看護職員または介護職員は、常勤換算で入所者3人に対し1名の割合で配置しなければなりません。
- 支援相談員を1名以上配置しなければなりません。
- 理学療法士、作業療法士または言語聴覚士は常勤換算で、入所者100人

に対し1名以上が必要になります。
- 栄養士は、入所定員100人以上の施設では1名以上必要です。
- 介護支援専門員は1名以上を常勤とし、入所者が100人増すごとに1名以上増員しなければなりません。

3. 介護経営の「もの（サービス）」

1）介護経営における「もの（サービス）」とは

　製造業などと異なり、介護経営における「もの」とは、サービスをさします。

　「もの（サービス）」が事業の根幹であり、その実現のために「人」が必要となります。誠実で適切な「もの（サービス）」を提供するためには、「理念」が必要になります。

　「理念」とは、仕事を通して社会にどのような貢献をしていくのかを明らかにしたものです。以下に企業における理念の例を紹介しましょう。

> ―パナソニック（株）の理念（昭和7年）―
> 　より良い商品を、広く皆により安く提供し、国民生活を豊かにすること。
>
> ―（株）学研ココファンの理念（平成16年）―
> 　すべての人が心豊かに生きることを願い、今日の感動・満足・安心と明日への夢・希望を提供すること。

2）介護サービスの種類とサービス提供事業所

　介護保険制度によって提供するサービスは、居宅サービス（医療系・福祉系）、施設サービス（医療系・福祉系）、地域密着型サービスに分類されています（表2-8）。

表 2-8 ■介護給付におけるサービスの種類

類型			介護給付
居宅サービス	居宅介護支援（ケアマネジメント）		
	福祉系サービス	訪問サービス	訪問介護
			訪問入浴介護
	医療系サービス		訪問看護
			訪問リハビリテーション
			居宅療養管理指導
	福祉系サービス	通所サービス	通所介護（デイサービス）
	医療系サービス		通所リハビリテーション（デイケア）
	福祉系サービス	短期入所サービス	短期入所生活介護（ショートステイ）
	医療系サービス		短期入所療養介護（ショートステイ）
	福祉系サービス		特定施設入居者生活介護
			福祉用具貸与
			特定福祉用具販売
			住宅改修
施設サービス	福祉系サービス	介護保険施設	介護老人福祉施設
	医療系サービス		介護老人保健施設
			介護療養型医療施設
地域密着型サービス	福祉系サービス		夜間対応型訪問介護
			認知症対応型通所介護
			小規模多機能型居宅介護
			認知症対応型共同生活介護
			地域密着型特定施設入居者生活介護
			地域密着型介護老人福祉施設入所者生活介護
			定期巡回・随時対応型訪問介護看護
			看護小規模多機能型居宅介護

（馬場 博監修：介護経営のしくみ，日本医療企画, p36. 2014）

（1）居宅サービス

①介護支援（ケアマネジメント）

　利用者が、適切な介護サービスが受けられるよう、介護支援専門員（ケアマネジャー）が利用者と一緒に介護サービス計画を立て、介護サービス事業所への連絡や調整を行うサービスです。

②訪問介護(ホームヘルプサービス)

　介護サービス計画でホームヘルパーによる介護が必要とされた利用者の居宅で、必要とされた内容の介護を提供するサービスです。

③訪問入浴介護

　介護サービス計画で入浴介護が必要とされた利用者の居宅に浴槽を運び、看護師とホームヘルパーが訪問して入浴介護を行うサービスです。

④訪問看護

　主治医が必要と認めた場合に看護師が利用者の居宅に訪問し、療養上の世話や必要な診療の補助などの看護ケアを提供するサービスです。

⑤訪問リハビリテーション

　主治医が必要と認めた場合に理学療法士、作業療法士、言語聴覚士が利用者の居宅を訪問してリハビリテーションを行うサービスです。

⑥居宅療養管理指導

　医療機関への通院が難しいと判断された利用者宅に医師、歯科医師、歯科衛生士、薬剤師、管理栄養士、看護師、保健師が訪問し、それぞれの専門分野内で療養に必要な管理指導を行うサービスです。

⑦通所介護(デイサービス)

　在宅の利用者が通所介護施設に通い、入浴および食事の提供を受けたり、介護、生活についての相談・助言、健康状態の確認など、日常生活上の世話と機能訓練を受けるサービスです。

⑧通所リハビリテーション(デイケア)

　老人保健施設などで在宅の利用者に対し、医師の指示のもと、理学療法士、作業療法士、言語聴覚士による医学的リハビリテーションを提供するサービスです。

⑨短期入所生活介護(ショートステイ)

　在宅での生活が難しくなったようなときに、短期間施設などに入所して介護や機能訓練を行うサービスです。

⑩短期入所療養介護(ショートステイ)

基礎疾患があり、在宅でサービスを利用しながら生活している利用者が在宅での生活が難しくなった場合に、施設に短期間入所し、介護や機能訓練などを受けるサービスです。

⑪特定施設入居者生活介護

有料老人ホーム、養護老人ホーム、サービス付き高齢者向け住宅などの特定施設に入居している利用者に対し、介護や機能訓練を行うサービスです。

⑫福祉用具貸与

車いすや介護用ベッドなど、在宅での療養上必要な福祉用具を貸し出すサービスです。

⑬特定福祉用具販売

入浴や排泄に利用する福祉用具は、衛生上の問題により貸与の対象商品ではないため、購入代金の9割を支給するサービスです。

⑭住宅改修

要介護者が居宅での生活を長く維持するために必要と判断された小規模な住宅改修を行った場合、20万円を上限とした給付を行うサービスです。

（2） 施設サービス

①介護老人福祉施設（特別養護老人ホーム：特養）

身体または精神上の重度の障害のため介護なしでの日常生活が送れない高齢者に対し、施設において、生活支援や必要な介護を提供するサービスです。

②介護老人保健施設

症状が安定してきた利用者に、施設において在宅復帰をめざした介護や機能訓練を提供するサービスです。

③介護療養型医療施設

介護保険適用部分に関し、療養病床のある病院が療養上の管理や介護などを提供するサービスです。

④その他の施設サービス（介護保険制度関連）

その他の介護保険制度外の介護施設として、有料老人ホーム、サービス付き高齢者向け住宅、養護老人ホーム、軽費老人ホームがあります。

　有料老人ホームは、施設内のスタッフがサービスを提供したり、地域の事業所などを使用してサービスを提供するシステムで、ある程度高額な費用が必要な施設です。

　サービス付き高齢者住宅は、高齢者が安心して生活できる住居をめざして、ある程度の広さのあるバリアフリー住居スペースと介護・医療サービスを提供するシステムです。

　反対に養護老人ホーム、軽費老人ホームは、生活保護世帯などに対し、無料または安価でサービスを提供します。

（3）　地域密着型サービス

　地域密着型サービスとは、利用者が住み慣れた場所でできるだけ長期に暮らせるよう、地域の実情に応じて提供されるサービスで、保険者である市町村が指定を行います（表2-9）。

表2-9 ■地域密着型サービスの種類

夜間対応型訪問介護	自宅で生活している要介護者が、夜間に何らかの介護が必要な場合に訪問して介護を行う定期訪問介護サービスのほか、急に訪問の必要性が生じた場合の随時訪問介護サービス、電話対応をするオペレーションサービス
認知症対応型通所介護	認知症と診断された要介護者のみを対象とした通所サービス
小規模多機能型居宅介護	通所を中心に、利用者の要望に応じて訪問や宿泊など24時間介護を提供するサービス
認知症対応型共同生活介護（グループホーム）	認知症と診断された要介護者のみを対象としたサービスで、少人数制で家庭的な雰囲気を保った共同生活を提供するサービス
地域密着型特定施設入居者生活介護/地域密着型介護老人福祉施設入所者生活介護	要介護者を対象とした、定員29名以下の小規模な施設で、日常生活を支援するサービス
定期巡回・随時対応型訪問介護看護	重度の要介護者の在宅での生活を支えるため、介護と看護が連携して、短時間の定期巡回訪問と随時対応を行うサービス
看護小規模多機能型居宅介護	医療度の高い要介護者の在宅での生活を支えるために、小規模多機能型居宅介護の形態に訪問看護を加えたサービス

4. 介護経営の「金」

どのような事業であっても、「金」の存在を忘れるわけにはいきません。利用者に安定的に質のよいサービスを提供するために必要な「人」の確保のためにも「金」は必要ですし、サービス提供時に必要となる物品ひとつとっても「金」が必要です。介護保険制度のなかでの「金」の動きを理解しておくことは、経営にとって大切なことです。

1）介護報酬-収入

介護報酬は、介護サービス計画に従った各サービスを提供することで、報酬として得られるものです。利用者本人、都道府県、市区町村、国から介護事業者に支払われます。

介護報酬は、利用者の介護度や利用サービスの種類、利用回数・時間によって異なります。利用者1人に対する請求額は、1か月ごとに提供されたサービスの介護報酬の合算で計算します。

（1） 単位と単位数

介護報酬は単位で計算され、サービスごとに単位数が決まっています（**表2-10**）。

（2） 単位の単価

- 1単位＝原則10円ですが、サービスの種類、地域区分により　1単位＝10〜11円40銭に決められています。
- 地域区分として8つのブロックに分けられ、東京をはじめ大都市圏では人件費の高さを考慮して1単位の金額が多少高く設定されています。

（3） 介護報酬の計算式

介護報酬は、上記の例にあるように、1回のサービスごとに単位数が決定されていますので、1か月の介護報酬の計算式は、

提供したサービスの単価数×提供した回数×1単位当たりの単価

表2-10 ■介護報酬単位例

サービス内容	条件	介護報酬単位
訪問介護 （身体介護）	20分未満	165
	20分以上30分未満	245
	30分以上1時間未満	388
	1時間以上1時間半未満	564
	以後30分増すごとに	80
訪問介護 （生活援助）	20分以上45分未満	183
	45分以上	225
訪問看護 （指定訪問看護ステーション）	20分未満	310
	30分未満	463
	30分以上1時間未満	814
	1時間以上1時間半未満	1,117
通所介護 （通常規模） 5時間以上7時間未満	要介護1	572
	要介護2	676
	要介護3	780
	要介護4	884
	要介護5	988
介護福祉施設 （ユニット型個室） 1日につき	要介護1	625
	要介護2	691
	要介護3	762
	要介護4	828
	要介護5	894

1単位の単価は10円を基本とし、地域区分・サービスの種類に応じ、規定の割合を乗じて得た額となる。
（馬場 博監修：介護経営のしくみ．日本医療企画，p29．2014より一部改編）

となります。

（4）支給限度額と利用者負担

　居宅サービスにおいては、利用者の要支援・要介護度の区分によって、利用できる金額の上限が定められています（**表2-11**）。介護支援専門員はこの上限額を把握したうえで、範囲内に収まるよう介護サービス計画を作成します。この場合、利用者の自己負担額は利用した支給額の1割（一定以上の収入の場合は2割）となります。

表2-11 ■居宅サービスにおける支給限度基準額一覧

区分支給限度基準額（1カ月ごと）	
要支援1	5,003単位
要支援2	10,473単位
要介護1	16,692単位
要介護2	19,616単位
要介護3	26,931単位
要介護4	30,806単位
要介護5	36,065単位

福祉用具購入費	
100,000円	年間

住宅改修費	
200,000円	原則1回 引越しや要介護度が3段階以上重くなった場合は再支給が可能

1単位の単価は10円を基本とし、地域区分・サービスの種類に応じ、規定の割合を乗じて得た額となる。
（馬場 博監修：介護経営のしくみ．日本医療企画，p21．2014より一部改編）

　もし、利用者・家族の希望により、この上限額を超えてサービスを利用する場合は、全額利用者負担（10割）となります。

2）2015（平成27）年介護報酬見直しの主な内容

　2015年、介護報酬の改定のための方針が以下のように出されました。[高齢者ができる限り住み慣れた地域で尊厳を持って自分らしい生活を送ることができるよう、「地域包括ケアシステム」の構築に向けた取組を進める]ことを目標に、以下のような内容が審議されました。

1．中重度の要介護者や認知症高齢者への対応の更なる強化
（1）中重度の要介護者等を支援するための重点的な対応
- 24時間365日の在宅生活を支援する定期巡回・随時対応型サービスを始めとした「短時間・一日複数回訪問」や「通い・訪問・泊まり」といったサービスの組み合わせを一体的に提供する包括報酬サービスの機能強化と、普及に向けた基準緩和
- リハビリテーション専門職の配置等を踏まえた介護老人保健施設における在宅復帰支援機能の更なる強化

> **（2）活動と参加に焦点を当てたリハビリテーションの推進**
> - リハビリテーションの理念を踏まえた「心身機能」、「活動」、「参加」の要素にバランスよく働きかける効果的なサービス提供を推進するための理念の明確化と「活動」、「参加」に焦点を当てた新たな報酬体系の導入
>
> **（3）看取り期における対応の充実**
> - 本人および家族の意向に基づくその人らしさを尊重したケアの実現を推進するため、本人・家族とサービス提供者の十分な意思疎通を促進する取組を評価
>
> **（4）口腔・栄養管理に係る取組の充実**
> - 施設等入所者が認知機能や摂食・嚥下機能の低下等により食事の経口摂取が困難となっても、自分の口から食べる楽しみを得られるよう、多職種協働による支援を充実
>
> **2．介護人材確保対策の推進**
> - 介護職員処遇改善加算のさらなる充実
> - サービス提供体制強化加算（介護福祉士の評価）の拡大
>
> **3．サービス評価の適正化と効率的なサービス提供体制の構築**
> - 「骨太の方針」を踏まえたサービスに係る評価の適正化について、各サービスの運営実態や1．および2．も勘案しつつ実施
> - 集合住宅へのサービス提供の適正化（事業所と同一建物に居住する減算の適用範囲を拡大）
> - 看護職員の効率的な活用の観点等から、人員配置の見直し等を実施（通所介護、小規模多機能型居宅介護 等）

（平成27年度介護報酬改定に関する審議報告（平成27年1月9日）概要）

　上記のような審議を経て、以下の内容に介護報酬が改定されました。改定の方向性として、①中重度の要介護者や認知症高齢者になったとしても、「住み慣れた地域で自分らしい生活を続けられるようにする」という地域

包括ケアシステムの基本的な考え方を実現するため、引き続き、在宅生活を支援するためのサービスの充実を図る、②今後も増大する介護ニーズへの対応や質の高い介護サービスを確保する観点から、介護職員の安定的な確保を図るとともに、さらなる資質向上への取組を推進する、③介護保険制度の持続可能性を高め、より効果的かつ効率的なサービスを提供するため、必要なサービス評価の適正化や規制緩和等を進める、が挙げられ、その方向性に準じて具体的な改定がなされました。

　また報酬改定の目的として、①地域包括ケアシステムの実現に向け、介護を必要とする高齢者の増加に伴い、在宅サービス、施設サービス等の増加に必要な経費を確保する、②平成27年度介護報酬改定においては、介護職員の処遇改善、物価の動向、介護事業者の経営状況、地域包括ケアの推進等を踏まえ、▲2.27％の改定率とする、があげられ、図2-6のように決定しました。

改定率▲2.27％

（処遇改善：＋1.65％、介護サービスの充実：＋0.56％、その他：▲4.48％）

（うち、在宅▲1.42％、施設▲0.85％）

（注1）▲2.27％のうち、在宅分、施設分の内訳を試算したもの
（注2）地域密着型介護老人福祉施設入所者生活介護は、在宅分に含んでいる
　　　　（施設分は、介護老人福祉施設、介護老人保健施設、介護療養型医療施設）

図 2-6 ■平成 27 年度介護報酬改定の改定率について

3）介護報酬以外の収入

　介護報酬以外の収入としては、以下のようなものがあります。

- 施設の居住費、食費
- 有料老人ホーム、サービス付き高齢者向け住宅、グループホームなどの家賃
- 訪問介護等の介護保険外の自費サービス

4）支出

　前述したように、事業所や介護労働者、利用者のニーズを満たす介護経営を行うためには、適正な利益を確保する必要があります。そのためには、事業収入を増やすだけでなく、支出のムダを減らす努力もしなくてはなりません。しかし、経営者がスローガンを掲げるだけでは、支出削減は進みません。現場リーダーにも、いかにムダな支出を削減し、利益を確保していくかを検討しながら、業務改善に取り組む姿勢が求められます。介護福祉事業は、人によるサービス提供が業務の中心となる「労働集約型産業」であるため、支出削減を考える際、他産業と比較すると、単純な人員削減は難しくなります。そこで、介護経営における支出総額の内訳と、支出削減はどのようにすればよいのかについて述べていきます。

（1）サービス種類別の支出の内訳

　まず、介護事業のサービス種類別の支出の内訳を見てみましょう。**図2-7**は各種の介護サービスを提供している、ある社会福祉法人の決算です。同一法人内なので、サービス種類別の支出の内訳が比較しやすくなっています。全体を見てまず目につくのは、人件費率が60％前後（入所系サービスおよび通所系サービス）から110％超（居宅介護支援＝赤字事業）に達し

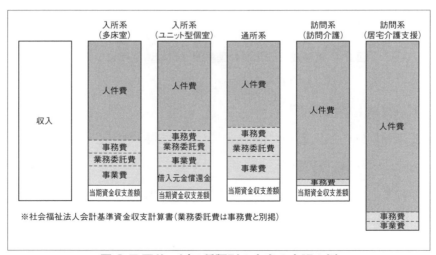

図2-7 ■ サービス種類別の支出の内訳の例

（馬場　博監修：介護経営のしくみ，日本医療企画，p110．2014）

ていることです。
①入所系（多床室・ユニット型個室）

　特別養護老人ホーム（介護老人福祉施設）の「多床室」と「ユニット型個室」のコスト構造の大きな相違点は、借入元金償還金です。「ユニット型個室」は施設整備補助金が減額されたので借入金比率が高く、**図2-7**の社会福祉法人では、総建築費の5割近くを借入金に依存しています。収入の10％以上を借入元金償還金にあてている事業所もあり、設備投資が過大になる傾向があります。

②通所系（通所介護）

　入所系よりも収益性が高いのが特徴です。サービス提供時間が、入所系の24時間に対して通所系はおおむね8時間と短いためです。介護報酬単価の差以上に人件費が少なくてすむため、こうした結果となります。

③訪問系（訪問介護）

　支出の90％が人件費であり、事業費や事務費などはほとんど発生していません。

④訪問系（居宅介護支援）

　訪問介護にも増して、人件費率は高くなります。支出額（＝人件費）はほぼ決まっているので、単独事業部門での採算性ではなく、ここで作成したケアプランが、どれほど他部門の収益に貢献できるかがポイントとなります。

（2）　支出削減の方法

　では、実際の支出の削減の方法について説明していきます。結論から言うと、「いかにサービスの質を低下させずに支出を削減するか」がカギとなります。この「サービスの質」という視点を念頭において、支出削減が難しい事項と、支出削減が可能な事項を考えていきます。

①支出削減が難しい事項

　図2-7の例を踏まえると、もしかしたら「人件費が多いのだから、職員の給与を削減すればよい」と考えてしまうかもしれませんが、それは大き

な間違いです。なぜなら、介護事業は他産業と比較して給与水準が低い傾向にあり、わずかな人件費の削減が大量の離職者を招く危険があるからです。また、離職しなかったとしても、人件費削減により職員の仕事へのモチベーションが低下してしまうことで、提供するサービスの質が低下し、これによって利用者の満足度に大きな影響を与えることも想定しなくてはなりません。このことから、人件費の削減は困難であるといえます。

　また、たとえば事業所の利用希望者や利用者の家族の相談窓口をムダだと考えて廃止したり、職員の手間や水道光熱費の削減のために利用者の週ごとの入浴回数を減らすなどの対策は、サービスの質を低下させ、直接的に利用者の満足度を低下させてしまうため、これらの削減も難しいと考えられます。

　つまり、支出削減が難しい事項は、人件費（職員の給与水準）と利用者にかかわる事業費であるということです。しかしこれらは、支出構造の大半を占めています。そのため、介護事業者における支出削減は、決して容易ではないのです。

②支出削減が可能な事項（施設介護）

　そうすると、支出削減できるのは事務費と事業費の一部ということになります。それだけでは、たいした支出削減にはならないと思うかもしれませんが、あながちそうではありません。

　以下に、実際の介護施設で行われている支出削減のための取り組みの例を示します。

- コピー用紙の裏面活用
- 蛍光灯の本数制限
- 職員のエレベーター利用の禁止

　これらの取り組みは、多くの施設で実施されており、また経費削減の取り組みを明文化している施設も多いようです。また、これらの取り組みに共通していることとして、「利用者に提供するサービスの質」を低下させないという意識があることがうかがえます。

③支出削減が可能な事項（訪問介護）

　訪問介護サービス・居宅介護支援サービス（以下、訪問サービス）については、図2-7で示したように多くの事業所で事業費や事務費がほとんどかかっていないため、施設介護サービス以上に支出の削減が難しくなっています。訪問サービスについて考えられる支出削減方法としては、将来的なIT化による人件費、経費の削減があります。

　訪問サービスのIT化について説明するための前提として、まず訪問サービスの現状と、訪問サービスにかかわる支出の現状を説明します。

　訪問サービスの担い手は大きく、正規社員（常勤ヘルパー）と非正規社員（登録ヘルパー）の2つに分けられますが、訪問サービスの8割程度は登録ヘルパーが担っています。登録ヘルパーは基本的に自宅から直接利用者宅へ行き、終わったらそのまま帰宅するため、登録ヘルパーは週に1回程度しか事業所に行く機会がありません。

　そこで問題となるのは、登録ヘルパーの介護記録などに関する事務手続きです。これらの記録は給与計算や保険請求などのために必要になりますが、この事務作業は、実際に他の職員の目がある施設介護と異なり、煩雑なものになってしまいがちです。これらの事務にかかる人件費や経費は、利用者に提供する「サービスの質」にかかわるものではないため、できることなら削減したい「ムダな支出」です。

　これを解消するために考えられているのが、訪問サービスのIT化です。現在、考案・実用化されているITの例としては、以下のようなものがあります。

- 利用者宅での携帯電話等による作業開始時間と終了時間の入力
- パソコンや携帯電話等による介護記録の事業所への送信・保管
- 介護記録の自動処理による保険請求処理の簡便化

　これにより、事務作業にかかる人件費や、登録ヘルパーが事業所に行く回数が減ることによる人件費・交通費などの削減が可能となります。ただし、ITの導入には初期投資や職員への周知などが必要となるため、「経営戦略的視点」で考慮する必要があることに注意しましょう。

3 介護福祉サービスにおける行政機関の役割

1. 国の役割

　日本の行政のしくみを理解するためには、まず憲法を理解する必要があります。憲法によって国の立場・責任がわかり、行政のしくみが理解できます。

1）日本国憲法

　日本国民は、日本国憲法に守られて生活しています。日本国憲法には、「日本国憲法の3原則」といわれる原則があります（表2-12）。

表2-12 ■日本国憲法の3原則

① 国民主権
② 基本的人権の尊重
③ 平和主義

　この原則からもわかるように、日本国民は、「基本的人権」を憲法によって保障されています。この「基本的人権の尊重」に関する憲法が、第十三条と第二十五条です。

（1）日本国憲法 第十三条

　日本国憲法第三章にある条文のひとつで、個人の尊重（尊厳）、幸福追求権および公共の福祉について規定しています。

> 第十三条　すべて国民は、個人として尊重される。生命、自由及び幸福追求に対する国民の権利については、公共の福祉に反しない限り、立法その他の国政の上で、最大の尊重を必要とする。

(2) 日本国憲法 第二十五条

日本国憲法第三章にある条文のひとつで、社会権のひとつである生存権と、国の社会的使命について規定しています。

> 第二十五条　すべて国民は、健康で文化的な最低限度の生活を営む権利を有する。
> ○2　国は、すべての生活部面について、社会福祉、社会保障及び公衆衛生の向上及び増進に努めなければならない。

この第十三条と第二十五条の2つの条文のうち、社会保障関係の根拠となっているのが第二十五条です。国民が健康で文化的な生活を送るために、国は、社会福祉、社会保障および公衆衛生の向上・増進に努めなければならないと、憲法に定められているのです。

国は、この「生存権の保障」を実現するために、さまざまなしくみを考え、法律や条例を作っています。

2) 社会保障制度の実際

日本国憲法第二十五条に基づき、国は「社会福祉、社会保障および公衆衛生の向上・増進に努める」制度として、社会保障制度を整えています。

わが国の社会保障制度は、**図2-8**のように、時代背景に沿って変化してきました。戦後の「日本国憲法」の公布から制度としてスタートしましたが、その時代は戦後の混乱期であり、食糧や住環境などにも緊急の支援が必要でした。昭和30・40年代の高度経済成長の時代に社会保障制度はほ

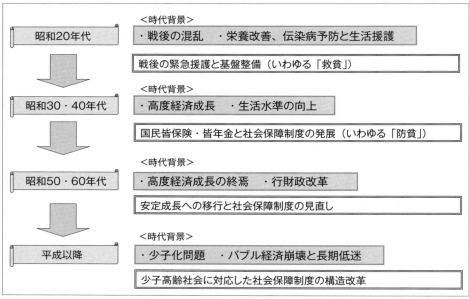

図2-8 ■社会保障制度の変遷

（厚生労働省：政策レポート（戦後社会保障制度史））

ぼ整備されました。その後昭和50・60年代に高度経済成長は終焉を迎え、それまで通りの財政支援を変更せざるを得なくなり、さらに平成に入ってからは、少子高齢化などの新たな問題が生じ、社会保障制度の構造改革が必要になりました。

現在の社会保障制度は、**図2-9**のように、対象となる国民（弱者）のありようによってさまざまな種類のものに整備されました。

3）介護保険法での国の役割

介護保険法第五条で国の役割を以下のように定めています。

【国及び地方公共団体の責務】

第五条 国は、介護保険事業の運営が健全かつ円滑に行われるよう保健医療サービス及び福祉サービスを提供する体制の確保に関する施策その他の必要な各般の措置を講じなければならない。

3　国及び地方公共団体は、被保険者が、可能な限り、住み慣れた地

域でその有する能力に応じ自立した日常生活を営むことができるよう、保険給付に係る保健医療サービス及び福祉サービスに関する施策、要介護状態等となることの予防又は要介護状態等の軽減若しくは悪化の防止のための施策並びに地域における自立した日常生活の支援のための施策を、医療及び居住に関する施策との有機的な連携を図りつつ包括的に推進するよう努めなければならない。

社会保障制度は、国民の「安心」や生活の「安定」を支えるセーフティネット。
社会保険、社会福祉、公的扶助、保健医療・公衆衛生からなり、人々の生活を生涯にわたって支えるものである。

① 社会保険（年金・医療・介護）

国民が病気、けが、出産、死亡、老齢、障害、失業など生活の困難をもたらすいろいろな事故（保険事故）に遭遇した場合に一定の給付を行い、その生活の安定を図ることを目的とした強制加入の保険制度

○病気やけがをした場合に誰もが安心して医療にかかることのできる医療保険

○老齢・障害・死亡等に伴う稼働所得の減少を補填し、高齢者、障害者及び遺族の生活を所得面から保障する年金制度

○加齢に伴い要介護状態となった者を社会全体で支える介護保険　など

② 社会福祉

障害者、母子家庭など社会生活をする上で様々なハンディキャップを負っている国民が、そのハンディキャップを克服して、安心して社会生活を営めるよう、公的な支援を行う制度

○高齢者,障害者等が円滑に社会生活を営むことができるよう、在宅サービス,施設サービスを提供する社会福祉

○児童の健全育成や子育てを支援する児童福祉　など

③ 公的扶助

生活に困窮する国民に対して、最低限度の生活を保障し、自立を助けようとする制度

○健康で文化的な最低限度の生活を保障し、その自立を助長する生活保護制度

④ 保健医療・公衆衛生

国民が健康に生活できるよう様々な事項についての予防、衛生のための制度

○医師その他の医療従事者や病院などが提供する医療サービス

○疾病予防、健康づくりなどの保健事業

○母性の健康を保持、増進するとともに、心身ともに健全な児童の出生と育成を増進するための母子保健

○食品や医薬品の安全性を確保する公衆衛生　など

※これらの分類については、昭和25年及び昭和37年の社会保障制度審議会の勧告に沿った分類に基づいている。

図2-9 ■社会保障制度とは

（厚生労働省：政策レポート（戦後社会保障制度史））

（1） 国が行う主な業務

　国は法律の制定や改正、法律に基づく各種基準の設定、また政令や省令などの制定だけでなく、法制度を円滑に運営するため地方公共団体に対し、さまざまな形で働きかけています。生活保護法や社会保障制度を管轄している国の中央省庁は、厚生労働省です。

　介護保険法では、国の役割を、「保健医療サービス及び福祉サービスを提供する体制の確保に関する施策」としています。国は、制度を作るだけでなく、等しく安全にサービスが受けられるように、要介護等認定基準、

介護報酬の算定基準、区分支給限度基準額、人員・設備・運営基準などの基準を定め、財政負担も行っています。また、滞りなく安全に介護保険制度が運用されるように、時には事業所や施設に対し、報告書の請求を行います(**表2-13**)。

表2-13 ■介護保険制度における国が行う主な業務

- 法令の制定
- 介護報酬、事業者、施設、要介護認定の基準の作成
- 介護給付費、地域支援事業に対する国庫負担
- 事業者、施設などに対する報告請求

2. 地方行政の役割

1）介護保険法での都道府県の役割

都道府県の役割も介護保険法第五条2に定められています。

> 2 都道府県は、介護保険事業の運営が健全かつ円滑に行われるように、必要な助言及び適切な援助をしなければならない。

都道府県は、市町村を包括する広域的な地方公共団体として、それぞれの都道府県全域での調整や基盤整備、市町村への働きかけや事業者・施設などの許認可、人材の育成、確保などの業務を担当します。都道府県の介護保険制度上の責務としては、市町村保険者・介護事業者などに対し、適切な事業運営のための指導や助言、事業者・施設の指定、介護サービス情報の公表、介護保険審査会の設置・運営、保険給付に対する都道府県負担などが定められています(**表2-14**)。

2）介護保険での市町村の役割

介護保険での市町村の位置づけも介護保険法第三条に規定されています。

表2-14 ■介護保険制度における都道府県が行う主な業務

- 事業者・施設の指定
- 介護給付費に対する負担
- 介護支援専門員の試験、登録、研修など

【保険者】

第三条　市町村及び特別区は、この法律の定めるところにより、介護保険を行うものとする。

2　市町村及び特別区は、介護保険に関する収入及び支出について、政令で定めるところにより、特別会計を設けなければならない。

（1）　市町村の業務内容

　市町村は介護保険法では保険者であり、住民に最も近く、生活環境などのさまざまな情報を具体的に把握することのできる行政機関です。市町村は、住民を守る社会保障制度の事務・事業の実施主体としての役割を担っています**(表2-15)**。

（2）　地域包括支援センターの役割

　地域包括支援センターは市町村が設置主体となり、保健師・社会福祉士・主任介護支援専門員などを配置して、チームアプローチにより地域住民の心身の健康の保持および生活の安定のために必要な援助を行うことにより、保険医療の向上および福祉の増進を包括的に支援することを目的とする施設です（介護保険法第百十五条の四十六第1項で規定）。

第百十五条の四十六　地域包括支援センターは、第一号介護予防支援事業（居宅要支援被保険者に係るものを除く。）及び第百十五条の四十五第二項各号に掲げる事業（以下「包括的支援事業」という。）その他厚生労働省令で定める事業を実施し、地域住民の心身の健康の保持及び生活の安定のために必要な援助を行うことにより、その保健医療の向上及び福祉の増進を包括的に支援することを目的とする施設とする。

表 2-15 ■介護保険制度における保険者の業務内容

(1) 被保険者の資格管理に関する事務
①被保険者の資格管理 ②被保険者台帳の作成 ③被保険者証の発行・更新
(2) 要介護(要支援)認定に関する事務
①要支援・要介護認定事務 ②介護認定審査会の設置・運営
(3) 保険給付に関する事務
①現物給付の審査・支払い(国保連に委託) ②償還払い ③種類支給限度基準額の設定・区分支給限度基準額の上乗せおよび管理 ④福祉用具購入費・住宅改修費の支給等 ⑤高額介護サービス費等の支給 ⑥給付の適正化関係事務 ⑦市町村特別給付 ⑧他制度による給付の調整 ⑨食費・居住費に係る低所得者の負担軽減
(4) 地域支援事業・保健福祉事業に関する事務
①地域支援事業の実施 ②地域包括支援センターの設置・運営等 ③保健福祉事業の実施
(5) 事業所・施設に関する事務
①地域密着型サービス事業所の指定・監督 ②事業所・施設への報告等の命令と立入検査
(6) 市町村介護保険事業計画の策定に関する事務
・市町村介護保険事業計画案の策定と実施
(7) 保険料の徴収に関する事務
①第1号被保険者の保険料率の決定等 ②普通徴収(対象者の確認・通知等) ③特別徴収(対象者の確認・通知等) ④督促・滞納処分
(8) 条例・規則等に関する事務
・条例・規則等の制定・実施
(9) 会計等に関する事項
①特別会計の設置・予算・決算・収入・支出 ②国庫定率負担・都道府県負担・調整交付金の申請・収納 ③支払基金の交付金申請・収納 ④市町村一般会計からの定率負担 ⑤財政安定化基金への拠出・公布・貸付申請等 ⑥積立金(基金)の設置・管理

主な業務は、介護予防支援および包括的支援事業（①介護予防ケアマネジメント業務、②総合相談支援業務、③権利擁護業務、④包括的・継続的ケアマネジメント支援業務）**(表2-16)** で、制度横断的な連携ネットワークを構築して実施することをめざしています**(図2-10)**。

表2-16 ■地域包括支援センター業務内容

包括的支援事業
（1）予防給付・介護予防給付のケアマネジメント業務(予防) 　　要支援者(予防給付)、特定高齢者(介護予防事業)を対象に、介護サービス計画の作成やサービス利用者の評価などを行う
（2）総合相談支援業務(福祉) 　　高齢者に必要な支援内容を把握し、地域のすべてのサービスから適切なサービスを選択し、関係機関や制度の利用につなげるなど、総合的な相談・支援を行う
（3）権利擁護業務 　　権利擁護業務(高齢者の人権・財産を守る)、成年後見制度などの権利擁護を目的とするサービスや制度を活用し、高齢者の権利擁護を図る
（4）包括的・継続的ケアマネジメント支援事業 　　地域包括支援ネットワークの構築をはじめ、関係機関との連携、協力体制の構築を図ることで、地域におけるさまざまな資源を利用し、生活を支援する
指定介護予防支援事業（予防給付ケアマネジメント）
予防給付の対象となる要支援者に介護予防サービス計画を作成し、計画に基づくサービスが提供されるように、関係機関と調整を行う

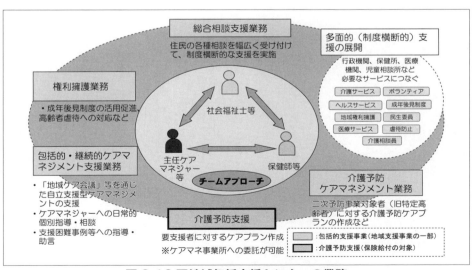

図2-10 ■地域包括支援センターの業務

（厚生労働省：政策について，福祉・介護 地域包括ケアシステム，2．地域包括支援センター）

第3章

介護福祉事業のマネジメントの基礎を学ぼう①

この章で学習した後で、以下のテーマについて話し合いましょう。

- ドラッカーの5つの質問に答える
- 「理念・ビジョンを共有するためには」「常に理念・ビジョンを振り返り、気づきを得られているか」
- 「目指すサービスの質とは何か」「サービスの質を向上させていくためには」
- 職員満足度(ES)と利用者満足度(CS)の結びつきを高めるためには
- 自法人の財務状況を理解する(改善策を考える)

1 介護福祉サービス業経営に必要な6つの要素

1. 介護福祉サービス業の経営とは

1）事業経営のための要素とは

　株式会社・有限会社といった民間企業は、その事業体の存続のために市場原理の中で利潤をあげることが前提条件となります。しかし単に利益至上主義に走り、利用者のニーズに合わないサービスを提供する、または社会的なルール、市場ルールを無視すれば、利用者から見放され事業体自体が消滅してしまうでしょう。この原理は民間企業だけでなく、社会福祉法人、医療法人、NPO法人といった非営利団体においても同様です。

　サービスを提供する事業体でも、その時々の社会経済状況、事業体を取り巻く外部経営環境に対応しながら、利用者に選ばれるサービスを常に提供していくために、事業体の経営に努力する必要があります。

　これは、これまで福祉サービス提供の中核を担ってきた社会福祉法人においても同様です。社会福祉法第二十四条で、「自主的にその経営基盤の強化を図るとともに、その提供する福祉サービスの質の向上及び事業経営の透明性の確保を図らなければならない」と規定されているように、単なる施設の「運営」から事業体の「経営」へと考え方の転換が求められるようになりました。

　では、「運営」と「経営」は何が違うのでしょうか。「運営」は、組織を動かし、機能を継続させることを意味し、その焦点は「今」に合わせられています。「運営」を行うのは、組織の機能維持が必要な公的機関などが主です。一方、「経営」の場合は、組織をより効率よく動かし、「利益」を得

1 介護福祉サービス業経営に必要な6つの要素

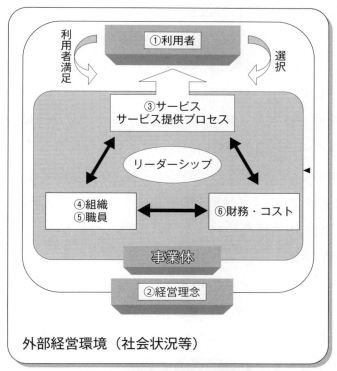

図3-1 ■事業体経営に必要な要素
（東京都福祉保健局：福祉サービス提供主体経営改革に関する提言委員会，2003）

て組織を発展させることを意味し、その焦点は「将来」に合わせられています。「経営」を行うのは、利用者のニーズに合わせ、提供するサービスの質を向上させていくことが必要な民間企業などが主です。つまり、このような「提供するサービスの質の向上」が、今の介護福祉サービスに求められているといえます。

　一般の企業であれ、介護福祉サービスであれ、事業を存続させていくためには、①「利用者（お客様）」、②「経営理念」、③「サービス・サービス提供プロセス」、④「組織」、⑤「職員」、⑥「財務・コスト」の6つの要素を有機的に連携させた適切な経営が必要です。そうすることで、利用者のニーズに対応した質の高い福祉サービスを提供することができるのです（**図3-1**）。

2）トップマネジメントの役割

　トップマネジメントとは、法人・団体などの事業体の最高責任者で、基本方針を決定し、経営計画を立て、これらを統制し、経営管理を行う人のことをいいます。

　介護福祉サービス業でのトップマネジメントの仕事とは、「利用者（お客様）」の数やニーズなどの動向、他のサービス提供事業所の有無や動向、福祉サービスの制度変更など、外部の要因（外部経営環境）を把握し、事業体の「経営理念」や経営目標を明確化することで、「職員（スタッフ）」が事業体の行動の方向性を1つにして働く環境をつくること、ということができます（図3-2）。

　このように事業体の経営は、事業体の「経営理念」を確立し、リーダー（経営者）のリーダーシップの下に複数の「職員」からなる「組織」が「利用者」に対して「サービス」を提供することによって成立しており、「財務」基盤がその行動を支えることで成り立ちます。

3）福祉サービス業の特徴

　福祉サービスは、社会福祉法において「社会福祉を目的とする事業」とされ、その事業の種類に応じて経営主体が制限されています。さらに福祉

より良い介護サービスを提供し、利用者の生きることを支えるとともに、働くことの幸せを感じて、社会に貢献したい。

そのためには、

1　組織の理念をつくる
2　事業の目標を立てる
3　お客様満足度を高める
4　働きがいを高める
5　正しい考えや生き方を身につける

図3-2 ■なぜ経営的視点が必要なのか？

（瀬戸恒彦氏 講演資料）

サービスを提供するにあたっては、行政に対する施設設置の届出・許可、事業開始の届出・許可等が必要とされ、事業の運営に関しても指導監督権限が行政に与えられています。

このように、福祉サービスを提供する事業体は一般のサービスを提供している事業体と比較して、法律による規制が存在するため完全な「自由市場」ではなく、多くの制約が存在している「準市場」となります。

しかし、利用者と向き合い、利用者の多様なニーズに応えるためのサービスを提供するという点では、福祉サービスも一般のサービス業と同様であり、サービスを提供する事業体としての経営に必要な要素は共通しています。

2. 事業経営のための6つの要素

事業経営のための6つの要素とは、p99 **図3-1**で示した、①「利用者（お客様）」、②「経営理念」、③「サービス・サービス提供プロセス」、④「組織」、⑤「職員」、⑥「財務・コスト」のことです。以下にそれぞれの要素について解説します。

1）「利用者（お客様）」
（1） 利用者のための経営

社会福祉法では、その第一条において、法の目的を「福祉サービス利用者の利益の保護の推進等を図ることにより社会福祉の増進に資すること」としています。また、福祉サービスの提供事業所は、その使命として、質の高いサービス、利用者満足度（CS）の高いサービスを、より効果的・効率的に提供することが求められています。

利用者の満足度を高めるためのサービスの提供による社会貢献が、介護事業者の使命です。また、そこで働く職員（スタッフ）にとっては、自分

の仕事で人が喜び、社会に貢献しているという手ごたえが、仕事へのやる気や喜びにつながります。

（2） PDCAサイクルの実践

　では、実際に利用者（お客様）の満足度を高めるためにはどうすればよいのでしょうか。そのためには、マネジメント手法の基本ともいえる「PDCAサイクル」を実践することが重要です**(図3-3)**。

　PDCAサイクル［PDCA cycle］とは、事業体が行う一連の活動を、それぞれPlan－Do－Check－Action（PDCA）という観点から管理するフレームワークのことです。一連のサイクルが終わったら、反省点を踏まえて再計画へのプロセスへ入り、次期も新たなPDCAサイクルを進めることになります。

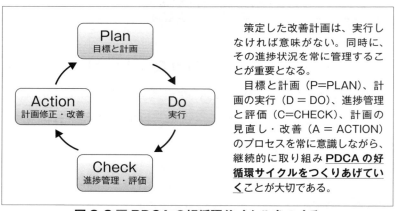

図3-3 ■ PDCAの好循環サイクルをつくる

（瀬戸恒彦氏 講演資料）

①利用者の満足度を高めるためのサービスの計画（P＝Plan）

　まずは利用者の満足度を高めるためのサービスを計画することが第一です。この計画には、マネジメントの神様であるドラッカーの5つの質問が有用です**(図3-4)**。この5つの質問に対する答えを、「お客様満足度を高める」ということを踏まえて考えてみましょう。このような「問題」に対する解決のための取り組みが、マネジメントには重要であり、PDCAサイク

> **お客様満足度を高める**
>
> ドラッカーの5つの質問
>
> 1　われわれのミッションは何か？
> 2　われわれの顧客は誰か？
> 3　顧客にとっての価値は何か？
> 4　われわれにとっての成果は何か？
> 5　われわれの計画は何か？

図3-4 ■ドラッカーの5つの質問

ルを活用する理由でもあります。5つの質問に対する自分の答えが用意できたら、5つ目の質問である「計画」を「実行」する必要があります。次に実際に「利用者（お客様）」の満足度を高めるために必要な取り組みについて解説します。

②計画に沿ったサービスの提供（D＝Do）

計画に沿ったサービスを実際に提供し、これにより「お客様満足度を高める」ために計画されたサービスが実施されることになります。

③質の高いサービス確保のための評価（C＝Check）

事業者は、事業の改善や利用者指向のサービスの質の向上に取り組むことが重要で、このような利用者の選択と事業者の質の向上のために必要なしくみが、サービス評価です。

・事業者自らの自己採点

サービス評価にあたっては、まず、事業者自らが積極的に自己のサービスの点検、自己評価を行い、サービスの内容、質のレベルを把握しながら業務を見直し、専門性を高めていくことが必要です。

・第三者による福祉サービスの評価

さらに、中立的な第三者が福祉サービスを評価し、評価結果を利用者や事業者に広く情報提供する第三者サービス評価も必要となります。

第三者による福祉サービスの評価の目的は、その評価結果を幅広く利用者や事業者に情報提供するしくみをつくることによって、サービスの

内容を利用者が具体的に理解し、利用者が安心してサービスを選択できるようにすることです。さらに、サービス提供主体の競い合いを促進させることによって、サービスの質の向上に向けた取り組みを促していくことにあります。

　このようなサービス評価を行うことで、事業体の強み、弱みが明らかとなり、サービス、組織の改善点が明確になります。第三者によるサービス評価は事業の透明性を確保し、サービスの質の向上を図るという点で、契約制度のもと自己選択・自己決定を原則とする介護保険制度によるサービスはもちろん、措置制度が残るサービスにおいても重要です。

④定期的な検証や改善策の構築と実施（A＝Action）

　明らかになった問題点については、定期的な検証や改善策を講じることによって、継続的にサービスの改善に努めていくことが必要です。

（3）　情報提供

①事業所選択のための情報

　利用者が、多数の事業所が提供するサービスの中から、自分のニーズに最もふさわしい事業所やサービスを自らの責任で選択するためには、契約制度の下での利用者保護という観点からも、事業所の特性だけでなくサービスの特徴や質を比較できる情報が必要です。

　福祉サービス事業所は、利用者に対してわかりやすく十分な説明を行うとともに、事業所の事業内容、経営内容など自己情報を積極的に公開し、事業所としての透明性を確保することが必要です。また、サービス評価の結果も含め、利用者が選択できるようにするための情報公開・情報提供の体制を整備することが必要です。

②サービスを選択するための情報

　利用者がより質の高いサービスを選択するためには、サービス情報の提供が必要です。サービス内容が具体的に理解できるよう、情報の開示方法を工夫し、利用者が必要なサービスを適切に選択できるような情報提供を行いましょう。

③苦情や要望の受付

利用者からの苦情や要望に対応して、サービスの改善、事業所の経営改革に結びつけていくシステムの構築が重要です。そのためには受付～評価～対応までの役割・手順を明確にし、さらに会議・委員会等を通じて、事業所全体で共通し、現場にフィードバックするしくみを構築する必要があります。そして、これらをより効率的・効果的に行っていくためにも、ITなどを活用した双方向の情報の収集・発信のしくみづくりに積極的に対応していくことが重要です。

(4) 事故防止

①リスクマネジメント体制の確立

利用者の安心や安全を確保するためには、リスクマネジメント体制の確立が必要になります**(図3-5)**。

利用者の安心や安全を確保することは、提供するサービスの質の確保・向上の前提であり、事故防止対策を中心とした危機管理(リスクマネジメント)体制を確立することは、福祉サービス提供主体にとってきわめて重要な課題となります。

福祉サービス提供事業所は、サービスを提供する過程においてどのように事故を防止するか、不幸にも事故が発生した場合の対応はどのように行

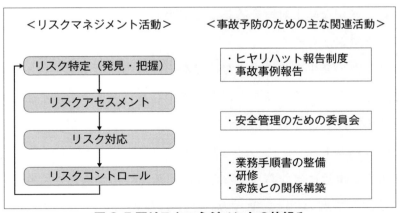

図3-5 ■リスクマネジメントの枠組み

(東京都福祉保健局：社会福祉施設におけるリスクマネジメントガイドライン．2009)

うか、という組織としてのリスクマネジメントについて十分に検討し、組織全体で継続的に体制整備に取り組むことが必要です。

②事業所と利用者のコミュニケーション、事業所内の環境整備

　リスクマネジメント体制を継続的に実施していくためには、利用者や家族に対して積極的に情報を提供し、情報を交換するなどコミュニケーションを図りながら、その意向を十分に尊重するとともに、職員一人ひとりが「安全」ということを認識し、職員と経営者層が連携しながら、風通しのよい、何でも言い合えるような組織をつくることが必要となります。

　そのような組織づくりのためには、業務マニュアルの作成、職場教育（OJT）、QC活動などを通じた定期的な業務の検証や見直し、改善が必要です。

用語解説

- **リスク**

　何かを行ったときに生じる可能性のある「危険性」のこと。

- **リスクアセスメント**

　事業所にある危険性を特定し、生じる可能性のあるリスクを細かく分析し、より大きなリスクとなる優先順位を設定し、リスク低減措置を決定するまでの一連の手順のこと。事業所は、その結果に基づいて適切な防止対策を講じる必要がある。

- **リスクコントロール**

　リスクの発生を防止するだけでなく、何らかのリスクが生じてしまった場合は、そのリスクによって生じるダメージを最小限にするための手段のこと。

- **ヒヤリハット**

　重大な事故にはならなかったが、事故になってもおかしくない一歩手前の事例のこと。ヒヤリハットは見過ごされてしまうことが多い事例で、「ああよかった」と、すぐに忘れがちになってしまう。

> 重大事故の陰には29倍の軽度事故と、300倍のニアミスが存在するという説もあり、ヒヤリハットの事例を集めることで重大な事故を予防することができる。
>
> ● OJT 【On-the-Job Training】
> 　職場での日常業務を通じた従業員教育のこと。
>
> ● QC活動 【小集団活動】
> 　事業体における経営参加の方法のひとつで、おおむね10人以下の小集団を従業員に構成させ、その自主的な共同活動を通じて労働意欲を高め、事業体の目的を有効に達成しようとするもの。

2)「経営理念」

社会福祉法で掲げられている福祉サービスの基本理念は、以下のとおりです。

> （福祉サービスの基本的理念）
> 第三条　福祉サービスは、個人の尊厳の保持を旨とし、その内容は、福祉サービスの利用者が心身ともに健やかに育成され、又はその有する能力に応じ自立した日常生活を営むことができるように支援するものとして、良質かつ適切なものでなければならない。

この法律を遵守するために、事業所の経営者は時に経営改革が必要になります。経営改革とは、事業所が問題点や経営上の課題を把握し、それを解決していく一連のプロセスのことをいいます。言い換えれば、経営改革とは、「経営理念」の下に、経営に必要な6つの要素を束ねながら、利用者満足度を高め、職員満足度を高めるための改革であると言うことができます。

(1) 経営理念は事業所の拠り所

経営理念は、「事業所が何のために存在し、どこへ向かおうとしているか」

「事業所が、どのような目的で、どのような姿をめざし、どのような方法で経営をしていくか」を示すもので、事業所の運営の拠り所、組織の原点を示すもの、と言うことができます(**図3-6**)。経営理念が確立、明確化され、それが職員に浸透することで、組織の行動に方向性が与えられます。一人でも多くの職員が理念を共有することにより、その事業体の一員として、どのような考え方に基づき業務に取り組むべきかが明確になり、安定した質の高いサービス提供につなげることが可能となります。

　優れた組織には明確な「理念」があります。その例をあげます。

―パナソニック(株)の理念(昭和7年)―
　より良い商品を、広く皆により安く提供し、国民生活を豊かにすること。
―(株)学研ココファンの理念(平成16年)―
　すべての人が心豊かに生きることを願い、今日の感動・満足・安心と明日への夢・希望を提供すること。

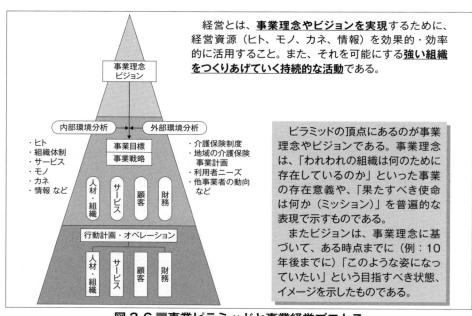

図3-6 ■事業ピラミッドと事業経営プロセス

(瀬戸恒彦氏 講演資料)

（2） 組織目標や計画の達成状況の評価と改善

組織目標や計画の達成状況を評価するしくみを組織の中に定着させ、日常業務の業務改革・改善を図っていくことが必要となります**（図3-7）**。

経営の中で、事業・サービスの目標・計画（Plan）、実施（Do）、検証・評価（Check）、見直し・改善（Action）を一連のプロセス（PDCAサイクル）として、戦略的課題を抽出しながら継続的に業務を見直していくことは、福祉サービス提供主体においても不可欠です。

● 介護福祉サービス事業所における経営理念の明確化・共有化

- 地域包括ケアシステムの構築に向けた事業環境の変化を理解し、そのような事業環境の変化に対応した新たな経営理念を設定する。
- 法人・事業所が何のために存在し、どこへ向かおうとしているかを明確にする。
- 経営理念を文章に表し、職員および利用者に広く周知する。
- すべての職員に経営理念が理解されるよう、機会あるごとに説明する努力を行う。
- 職員の募集にあたっては、事業体の経営理念を十分に説明しなければならない。

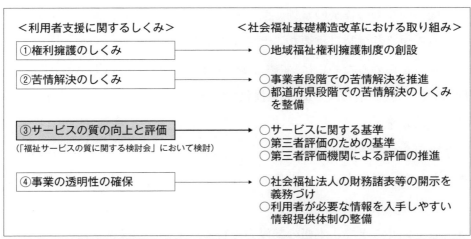

図3-7 ■社会福祉基礎構造改革における、サービスの質の向上についての位置づけ

（厚生労働省：福祉サービスの質の向上に関する基本方針、福祉サービスの質に関する検討会，1999）

(3) 自分の事業所の理念

　以上の内容を踏まえて、自分の所属する事業所の理念を思い浮かべてみてください。自分の所属する事業所の理念が何であるかを明確にすることで、自分の目標や進むべき方向性が見えてくるはずです。また、「理念を共有するためにはどうすればよいのか」「理念を振り返り、気づきを得られているか」についても、意識しておくことが重要です。

(4) 将来に向けたビジョン

　経営理念に基づき、理事長や代表取締役、施設長といった経営者層が将来に向けたビジョンをもち、リーダーシップを発揮しつつ、事業体を取り巻く外部環境変化に迅速に対応しながら、質の高いサービス提供のために全力を尽くす姿勢を見せていくことが必要です（図3-6）。

3）「サービスとサービス提供プロセス」

　「サービス」の質を維持し、利用者が満足するサービスを提供するためには、提供する「サービス」の品質を維持、向上させる体制やしくみを、事業体の「組織」内に構築する必要があります。福祉サービスは対人サービスであり、一度提供されると形としては残らないという特徴があるため、事業者にとって、組織で働く職員の基礎力を高めるための取り組みやサービス提供のための体制の整備、サービスの品質管理、安全管理、危機管理のしくみづくりは特に重要なことです（図3-7）。

　基礎力を高めるためには、組織で働く職員の基礎力を高めるだけでなく、利用者、家族が望むサービスを提供できる「基礎力」のある人を採用する必要があります。

　基礎力を高めるためには、あいさつ、掃除、利用者、家族との対応等の小さな行動を徹底することが重要となります。また、利用者、家族が喜ぶこと、働く仲間がよろこぶこと、仕事の工夫などに心をくばり、それらを継続していくことで、本当の基礎力を得ることができます。

> 「良いサービスを提供するために」
>
> 　良いサービスを提供するためには、①個人のマネジメント（自己研鑽）と②組織のマネジメント（職場改善など）をし続けることが必要です。その上で、以下の努力が必要です。
> - 利用者が望むサービスを提供できるだけの「基礎力」がある人を採用する。
> - 組織で働く職員の基礎力（利用者や家族の隠された思いやニーズを感じ、自分のもつ技術などの自己研鑽に励むことのできる能力）を高める。
> - 基礎力を高めるためには、日常のあいさつや掃除などの生活支援、利用者対応などの小さな行動を徹底することから始まる。

　サービスの質の確保・向上に向けた体制整備に必要な項目および手法の例を、**表3-1**に示します

　表のように、サービスの質とサービス提供プロセスを整備されたものにするには、常に事業所が、利用者のニーズを的確に把握するとともに、要望・苦情などを吸い上げながら、地域への貢献、地域との連携という点も踏まえ、サービスの改善、リスクの予防のために、自主的・主体的にサービスの創意工夫、質の改善に取り組む必要があります。

（1）　福祉サービス第三者評価によるサービス評価

　ここでは、サービス評価の手法のひとつである福祉サービス第三者評価に関して、具体的に紹介します。

①福祉サービス第三者評価とは（図3-8）

　事業者の提供するサービスの質を当事者（事業者・利用者）以外の公正・中立な第三者機関が、専門的かつ客観的な立場から評価する事業をいいます。

　福祉サービス第三者評価は、法人・福祉施設等の経営理念に基づき提供

表 3-1 ■サービスの質の確保・向上に向けた体制整備に必要な項目および手法（例示）

項　目	手　法
利用者満足度の把握、サービス内容に関する広報・情報提供	・利用者満足度調査を定期的に実施する ・利用者の要望・苦情などを受けとめるしくみを組織内に整備する ・利用者や家族だけでなく、地域住民に対しても、提供するサービス内容に関する広報・情報提供に力を入れる ・ITを活用した情報提供を行う
サービス評価の実施、評価結果に基づくサービスの業務改革	・サービス内容、提供方法などについて、自ら評価を行う ・第三者によるサービス評価を定期的に行う ・評価結果に基づいて、サービス内容を改善する ・評価結果を実際のサービス改善に十分役立てる ・サービス改善におけるPDCAサイクルを確立する
職員教育・研修による人材育成、マニュアルの作成、リスクマネジメント	・職員のサービス技術向上のために、職員教育や研修に力を入れ、人材の育成（能力開発）を図る ・サービス水準を確保するため、マニュアルなどを作成・活用する ・マニュアルは利用者の要望等に沿って定期的に見直しを行うなど、個別ケアにも対応できるものとする ・事故防止や緊急時の対応についてもマニュアルとして整備し、職員に周知・徹底するなど、組織内にリスクマネジメント（危機管理）や安全管理の体制を確立する
地域貢献、地域との連携、地域住民のニーズの把握	・地域住民からの各種相談に積極的に応じるとともに、サービスのノウハウを地域住民に還元する ・地域住民からボランティアの協力がある場合は、積極的に受け入れる ・地域住民に対して、積極的に情報を公開する ・地域住民のニーズを把握し、事業所の機能や新たなサービスに関する検討・開発を行う

される福祉サービスの内容だけでなく、提供体制の整備状況や福祉サービスの質の向上に向けての全組織的な取り組みについて、専門的・客観的な立場からの評価を行います。

②福祉サービス第三者評価の目的
● 個々の事業者が事業運営における問題点を把握し、サービスの質の向上に結びつける
● 福祉サービス第三者評価を受けた結果が公表されることにより、結果として利用者の適切なサービス選択のための情報になる

（2） サービスのマニュアルの意味するもの

　サービスのマニュアル（標準化）をつくることによって、よりよいサービスを安定して提供することができます。利用者のために提供されるサー

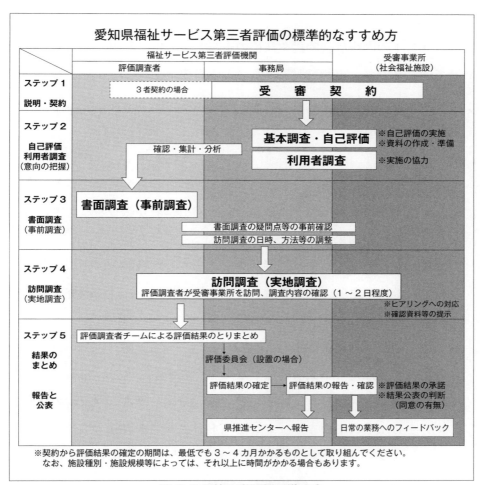

図 3-8 ■第三者評価の進め方

ビスの質のばらつきを少なくし、苦情や事故を防ぐという効果があります。

また、マニュアルを見直すことによって、サービスレベルの向上が図りやすくなります。

サービスのマニュアルは、「多様な利用者に対してマニュアルに基づいて画一的なサービスを提供する」という意味ではなく、各職員の経験と勘によって行われていたこれまでの福祉サービスについて、個々の業務に関する手順などを標準化することで、新入職員の採用、人事異動などを原因とするサービスのばらつきを抑え、無駄な業務手順を省き、サービスの質を向上させ、的確にしかも同等のレベルで行われるようにするためのもの

です。

マニュアルの内容は、時代や技術の進歩とともに、利用者のニーズにあわせて適宜見直し、更新・改訂することが必要です。

> **図3-8の用語解説**
>
> ●自己評価
>
> 　自己評価の実施により、組織運営やサービスの質を見直すことで新たな気づきが得られる、サービスの質の向上に取り組むきっかけが得られる、などの効果が期待できます。
>
> 　また、自己評価の結果は、評価を実施する評価機関・評価調査者にとって、その事業所の状況や職員の意識等を把握し、訪問調査を行う際の基本資料となります。
>
> ●利用者の意向の把握（利用者調査）
>
> 　利用者の視点から事業者のサービスを評価することは、第三者評価の客観性をより高めるうえでも重要です。愛知県では、利用者の意向の把握を必須としています。「アンケート方式」「聞き取り方式」「コミュニケーション方式」の3つの方式を状況にあわせて使用し、実施します。
>
> ●書面調査
>
> 　事前提出資料、自己評価、利用者調査によって得られた情報をもとに、受審事業所の全体像を把握します。訪問調査で質問・確認すべきことを洗い出し、訪問調査をより効果的に実施できるようにすることを目的に実施するものです。
>
> ●訪問調査
>
> 　訪問調査は、受審事業所を実際に訪問して、現地で資料の確認・施設内の視察（見学）・福祉サービスの提供状況の確認・職員等へのヒアリングなどを行い、評価に必要な情報を得ることを目的として実施します。

> ● 評価結果のとりまとめと公表
>
> 　書面審査・訪問調査・利用者の意向の把握で得た情報等を総合的に判断して、受審事業所の評価結果をまとめます。評価調査者個人がまとめた評価結果をもちより、合議により評価調査者チームの総意として評価結果をまとめます。
>
> 　とりまとめた評価結果を受審事業所に詳細に報告します。結果は、評価機関から受審事業所に一方的に通知することではなく、結果を確認し合い、事実誤認があれば修正し、双方が納得するようにします。納得が得られたうえで、全体の総評・すべての評価項目（細目）の評価結果・受審事業者のコメントを事業者の同意のもと公表します。

（愛知県福祉サービス第三者評価推進センターより）

(3) アセスメントに基づいた個別支援の実施

　アセスメントに基づく個別支援計画によって、一人ひとりの利用者の状態に着目した個別的なサービスが可能になります。

(4) サービスの強みづくり

　他のサービス提供事業所とは異なる独自の特徴的なサービスづくりや、地域とのネットワークや地域の中での拠点づくりなどを経営上の「強み」としていくことも重要なことです。また反対に、サービス提供事業所として、弱い部分を見直し、同様のサービスを提供している優良な事例と比較し、改善・強化するためのヒントを得るようにすることも重要です。

4）「組織」の基盤整備

　経営目標・経営計画の達成のためには、業務内容、役割、責任が明確な効率的な組織づくりが必要です。

　「組織」の基盤整備のために、東京都福祉保健局から以下のような提言が出されています。

①効率的な組織構築に必要な項目（例示）
- 各部門の組織目標を明確にし、共有化する
- 業務分担・職務権限を明確にする

②効率的な組織構築のための手法（例示）
- 各部門の組織目標を明確にし、共有化する
    - 組織目標をすべての部門で明確に設定し、職員に広く周知する
    - 組織目標の内容のうち、数値化できるものについては、数値を明示する
- 業務分担・職務権限の明確化
    - 各部門または職員の業務内容、役割、責任体制を明確にする
    - 等級基準を職種別に作成し、各等級における仕事の内容や役割を具体的に整理する
    - 部門ごとの一定範囲の責任職務規程を作成する
    - 職務権限規程を作成し、各部門の責任者を明確にする
    - 各部門・職員が相互に業務内容、役割、責任を理解し、効率的に仕事を進める

(1) 組織の基盤整備

「組織」の基盤整備とは、「組織」における各部門の業務内容、役割、責任を明確化し、経営目標・経営計画の達成のために効率的な組織構造を構築することです（図3-9）。

組織とは、同じ使命・目的の下に複数の職員（スタッフ）が集まり、共に働く（協働）しくみのことです。その使命・目的を達成するためには、組織の中にチームワークを築き、組織機能を果たすことが求められます。

(2) 組織機能の実現

組織機能を果たすためには、以下の具体策が必要です。
- 経営者層が組織の経営理念や方針を明確にし、職員に徹底する
- 職員に対する意思決定の明確な伝達、職員の意見の反映など、情報が双方向にスムーズに流れる体制をつくる

1 介護福祉サービス業経営に必要な6つの要素

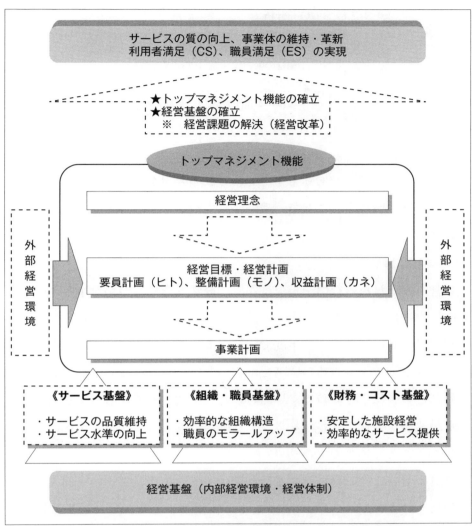

図 3-9 ■事業体の経営（経営改革）のフレーム（基本構造）
（東京都福祉保健局：福祉サービス提供主体経営改革に関する提言委員会，2003）

- 組織における各部門の業務内容、役割、責任を明確にする
- 各部門の業務に精通した人材を配置し、適切に権限を委譲する
- 目標・計画を達成するための効果的な組織づくり
- 課題やそれに対応する方策に応じて、部門間の相互連携を図れる体制をつくる

（3） 経営戦略

経営戦略を立てるためには、その事業所の内部環境、外部環境の状況と

表3-2 ■ SWOT分析

	プラス要因	マイナス要因
内部環境	①組織の強み（Strengths）	②組織の弱み（Weaknesses）
外部環境	③組織にとっての機会・チャンス（Opportunities）	④組織にとっての脅威・阻害要因（Threats）

動向を把握する必要があります。それぞれの要因をプラス要因、マイナス要因に分けて整理することで、戦略が立てやすくなります。このような整理の仕方を「SWOT分析」といいます(**表3-2**)。

(4) 経営計画

　経営計画は単なる行事予定ではなく、経営理念に基づいた事業、組織の方向性が把握できるよう、中・長期的な視点で作成することが必要です。

　利用者のサービスは、単年度で完結するものではありません。中・長期的な計画を示し、事業体の戦略を示すことで、職員に目標・計画が明確に伝わり、共有化できるのです。同時に、利用者ニーズに沿ったサービス改善が迅速かつ柔軟に行われるよう、各部門に配置した人材に適切に権限を委譲することも必要です。

　職員に明確に権限を委譲することによって、業務に対する、個人、組織の動機づけ（モチベーション）が高まり、提供するサービスの生産性の向上にもつながることが期待できます。

　以下に、経営計画の具体的な例として、横浜市で在宅介護サービスを提供している「有限会社　青空」の中期経営計画を載せます(**図3-10**)。

■今期計画の重点目標・方策
・平成27.4 〜 平成30.3 までの3年間で目指すこと、実施すること。

1. 顧客へのサービス提供

≪ 重点目標 ≫
『高齢・障がいの総合的な支援を可能にするサービスを提供する』

[方 策]
- 地域での暮らしを365日・24時間支える、在宅サービスを開発・提供する。
  （小規模多機能型居宅介護 ・障害者グループホーム等の検討）
- 地域包括ケアの一翼を担い、地域の医療・介護・住まい・予防・生活支援に関する関係機関との良好なパートナーシップを確立する。
- 安全・安心なサービスを全員が一定水準のもとに提供できるための仕組み（品質管理システム）を充実させる。

2. 組織運営と人材の育成

≪ 重点目標 ≫
『 地域包括ケア時代に適した、組織・人事システムづくりを進める 』

[方 策]
① 組織体制
- 部門間・多職種間の連携を促進するための機関・担当者の設置を行う。
  （テーマ別会議・委員会・プロジェクトチーム・スーパーバイザーなど）
- 職員アンケートや提案シートの活用により、職員が持つ情報・アイデアを事業運営に結びつける仕組みづくりを推進する。

② 人事システム
  ＜人材確保＞
- 「地域で育て、地域で働いてもらう」 〝地産地働〟を実現するための取り組みを強化する。（介護職員初任者研修、オープン研修・セミナーなど）
- 人材確保対応策として、多様な働き方・関わり方が出来る仕組みをつくる。
  （未経験・異業種からの転職者・定年退職者に適した、採用育成プログラム）
  （ボランティアからのキャリアパス→新総合事業→介護職員→初任者研修→）

  ＜能力開発＞
- 地域包括ケア時代の総合的なサービス提供を念頭に置いた、キャリアパス・育成プログラムの開発を進める。
  （医療・認知症・他制度の知識、コミュニケーション・コーディネーション能力）
  （介護・障害・自費サービスも含む、中長期での計画的な人材育成）

図 3-10 ■経営計画の例①

（有限会社青空の中期経営計画より一部抜粋）

<評価・報奨>
- 顧客満足と職員満足度を結びつけ、好循環を生み出す、人事考課制度の確立。
 （良いサービスの提供→顧客満足度向上→良い評価→モチベーションの向上→）
- 処遇改善加算の新区分・上乗せ分を活用し、職員の処遇のさらなる充実を図る。

<福利厚生・就業環境>
- 長く働き続けられる職場づくりとして、年間休日取得の向上を図る。
 （有給休暇消化率・リフレッシュ休暇など）

3. 地域との共生・地域への貢献

≪ 重点目標 ≫
『 超高齢社会の街づくり・暮らしづくりへの貢献に努める 』

[方策]
- 超高齢社会の街づくり・暮らしづくりに関する、関係機関（医療・介護・福祉・行政・住宅・生活支援等）との協同体制づくりをさらに進める。
- 地域の介護事業所が、協同で実施する取り組みを主導する。
 （共同研修・共同採用活動・人事交流・介護予防・介護相談 など）
- 通所介護事業所を活用した、地域支援活動をより拡大・充実させる。
 （介護相談・居場所づくり・人つなぎ・介護教室 など）
- 「地域で育て、地域で働いてもらう」"地産地働"を実現するための取り組みを強化する。（再掲）

4. 健全な経営と財源の確保

≪ 重点目標 ≫
『 安定経営を継続するための、経営管理体制強化を進める 』

[方策]
- 地域で暮らし続けるためのサービス向上策として、中重度・認知症対応の強化を行うことで、利用者数拡大・単価増を図り、安定的な収益確保に結びつける。
- 加算を「サービスの質を向上させ、顧客満足を高める」ことへの報酬、そして、人材確保・育成のための財源確保と位置づけ、積極的に取得していく。
- 介護保険法をはじめとする、関係法令を遵守するための管理体制を強化する。
 （委員会の設置運営、担当者の配置・育成、定期的な内部監査の実施）

図 3-10 ■経営計画の例②

（有限会社青空の中期経営計画より一部抜粋）

- 給付削減が厳しくなる中でも、安定的・継続的な事業運営が可能な収益構造にするために、収支予算管理を強化する。（収入・人件費率・諸経費の管理、適正化）
- 管理者層の経営マネジメントに関する、基礎知識習得の取り組みを行う。

図3-10■経営計画の例③

(有限会社青空の中期経営計画より一部抜粋)

5)「職員」管理

職員が発揮した能力・成果に応じて、適切に職員を処遇するしくみをつくることで、職員のモラルをアップすることができます。

「職員（スタッフ）」管理のために、東京都福祉保健局から以下のような提言が出されています。

①効率的な職員のモラルアップに必要な項目（例示）
- 昇進・昇格基準を作成し、人事考課制度を導入する
- 能力・成果に応じた給与制度を構築する

②効率的な職員のモラルアップのための手法（例示）
- 組織目標の達成状況を評価し、職員に周知する
- 目標と実績の乖離の原因を分析し、次の目標設定に反映する

③業務分担・職務権限の明確化
- 各部門・職員が相互に業務内容、役割、責任を理解し、効率的に仕事を進めているかの把握

④昇進・昇格基準の作成と、人事考課制度の導入
- 昇進・昇格に際しての規程・客観的な基準を定める
- 職員の日常の仕事ぶりを通じて、その業績・能力・態度などを客観的に評価する人事考課制度を導入する
- 人事考課基準や結果を職員に説明し、評価者へは研修を実施する
- 人事考課結果は、昇進・昇格に反映する

⑤能力・成果に応じた給与制度の構築
- 職能給や仕事給（業績給）の導入など、年齢や経験年数だけでなく、発揮した能力や成果からみて納得できる給与決定を行うしくみとする

● 職員の勤務成績（人事考課）による、昇給、特別昇給制度、賞与（期末・勤勉手当）など、仕事に対する職員のインセンティヴを引き出すような給与制度とする

（1）職員（スタッフ）の活性化と職場環境

　福祉サービスは対人サービスであり、そのサービスのレベルは、職員（スタッフ）の知識・情報や技術・技能など、個人個人の職員（スタッフ）の能力や行動力などの資質に委ねられている、と言うことができます。

　そのため、職員がその専門性をもとに目的をもって働けるよう、職員が活性化し、生き生きと働ける環境を整え、仕事の達成感、仕事の楽しさ、やりがいを感じてもらうことが必要です。

　また、働きがいを感じていれば、スタッフ自らが個々の利用者ごとの介護計画（Plan）をもとに、サービスを実施（Do）し、実施内容とその結果を確認（Check）し、問題があった場合には新たに計画を立て直し実施（Action）していく、という積極的なケアの展開になり、より仕事への喜びを見いだすサイクルができあがります。

　このようにして職員が働くことに喜びを感じ、職員の満足度（ES）が高まると、利用者に対してより質の高いサービスが提供されることになり、利用者の満足度（CS）も高まることになります。利用者の満足度が高まると、「この事業所を継続して利用したい」「この事業所はサービスがよいから、知り合いにも勧めたい」といった利用者の「ロイヤリティ」が高まるため、事業所の利益につながります。事業所が利益を得れば、職員の処遇も改善されるため、職員満足度はさらに向上していきます。

　このような好循環はサービス・プロフィットチェーンと呼ばれ、多くのサービス業において重要なしくみであり、介護福祉サービスにおいても今後ますます重要なしくみになると考えられます（p156 **図4-6**参照）。

（2）職員（スタッフ）の適切な評価

　職員（スタッフ）を適切に評価するためには、職員採用、職員配置、人事・給与制度などにおいて、能力や仕事の評価で責任を与える制度が必要です。

そのうえで、全体をリードできる人材、現場の発想により自らサービス向上に向けた課題発見や改善ができる人材を育成していかなければなりません。

（3） 必要とされる人材

介護福祉サービスの新たな時代に必要とされる人材は、自らの役割を認識し積極的に課題に取り組む人材、自己管理・自己開発のできる人材、経営感覚をもって行動できる人材、サービスを総合的に調整できる人材などです。

事業所の各層において、介護福祉サービスにおける経営の視点をもち、経営能力、スキル、マネジメント能力をもった、いわばコア人材が必要なのです。

このような人材の育成のためには、採用、昇進、育成といった組織全体の人事施策の中で、人事・給与制度を含めたキャリアアップのしくみ、公平性のある評価、職員一人ひとりの能力開発や計画的な人材育成のための研修など、職員自身にとって将来の見える総合的なしくみを構築することが必要です。

6）「財務・コスト」管理

長期的に安定した事業経営を行うためには、財務基盤を確立し、コストを考慮して人、もの、金といった経営資源を最大限効率的に活用してサービスを提供しなければなりません。そのためには、「財務・コスト」の管理が重要です。

以前の措置制度中心の時代には、提供されていたサービスとそのサービスごとに決められた収入があるシステムの中で、「決められたお金を、決められたとおりに使い切る」という発想が定着していました。その発想から脱却し、コスト意識をもつ必要があります。

財務基盤・コスト意識の確立に必要な項目および手法の例を、**表3-3**に示します。

表3-3 ■財務基盤・コスト意識の確立に必要な項目および手法(例示)

項　目	手　法
予算作成・収支管理、決算分析・資産管理	・予算の作成にあたっては、毎年、ゼロベースで見積もりを行うなど、事業の必要性やコストを十分に考慮する ・収支の進捗状況を把握・確認する(少なくとも毎月、収支管理を確認) ・決算分析を通じて不要な経費や削減可能な経費がないかを検証し、次期の予算作成に反映する ・減価償却、修繕計画の策定など固定資産を適切に管理する
安定した財務基盤の確立・財務体質の改善	・長期的に安定した施設経営を行うことが可能となるような積立金などを行う ・借入金は、返済計画どおり計画的に返済する ・財務体質などについて、専門家から助言を受けるなど、適切な財務管理に努める
効率的・効果的な雇用・配置管理、アウトソーシングの活用	・業務内容に応じて、非常勤職員、臨時職員、派遣職員など、多様な雇用形態の職員を活用する ・定年制の運用など退職者数を管理するとともに、長期的視点に立った常勤職員、非常勤職員等の採用計画を策定する ・施設の維持管理業務やサービスの業務内容に応じて、アウトソーシングを活用することで、業務やサービスに求められる機能の明確化やサービスの質の向上、コスト削減を図る
効率的な物品・契約管理	・入札の実施など最も経済的な方法で物品を調達・購入する工夫をする ・定期的に棚卸を実施するなど、物品の在庫を適切に管理する ・ITを活用して業務の効率化を行う

　自分の事業所の財務状況を把握することは、マネジメントにおいては必要不可欠なものです。それに加えて、マネジメントのためには事業所の財務の改善策を考える必要もあります。**表3-3**に示した項目について、自分の事業所の財務状況を改善する方法を、例示した手法以外にも考えてみましょう。

　また、経営収支とはどのようなものかをわかりやすく理解するために、大垣市の例を掲載しました(**図3-11**)。

　右半分は収益、左半分がかかったコストになります。大垣市の場合、収益が1,309億円、かかったコストも1,309億円であり、収益とかかったコストのバランスがとれていることがわかります。

(1) 行政主導から事業者主導に変わる組織経営

　以前の措置制度中心の時代では行政主導の組織経営であったため、運営も行政に依存する形で行われていたと思いますが、今後は介護福祉サービ

1 介護福祉サービス業経営に必要な6つの要素

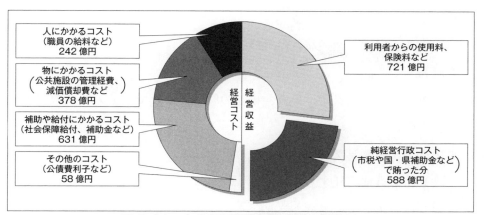

図3-11 大まかな経営収支（例：大垣市）

(大垣市ホームページ)

スにおいては、事業所の経営を事業者主導で行わなければなりません。事業者自らが、コスト・財務の視点をもつことが重要となります。

　事業者として、コスト、財務を意識しながら、サービスの質を向上させ、いっそうの創意工夫と経営努力を行っていくことが求められているのです。

　事業者主導の経営を考えるにあたり、まずは以下の内容を実施してみましょう。

> **用語解説**
> ●予算
> 　個人、団体の収入および支出に関する予定的計算の意味で、収入や支出の計画のこと
> ●収支
> 　収入と支出のこと。収支が合う＝収入と支出のバランスがとれていること
> ●決算
> 　一定期間の収入・支出を計算し、利益または損失（損益）を算出すること。決算を行うことで、その組織の財政状況が把握できる

- **資産**
  土地、家屋、金銭などの財産
- **財務**
  組織における資産、負債、損益の管理のことで、その組織の収支管理のこと
- **アウトソーシング**
  業務を外部委託すること
- **ゼロベース**
  最初からやり直すこと
- **減価償却**
  長期間にわたって使用される固定資産の取得（設備投資）に要した支出を、その資産が使用できる期間にわたって費用配分する手続きのこと。たとえばパソコンの場合、購入時の価値は支払金額だが、使えなくなるまでの年数を4年とし、毎年購入金額の1/4の金額を減価償却費と計算
- **固定資産**
  長期間継続して使える資産のこと。福祉サービスの場合、家屋などのほかに、営業権なども入る
- **積立金**
  組織で発生した利益を、少しずつ何回かに分けて蓄えた金銭
- **借入金**
  企業が設備投資や資金操りのために金融機関や取引先から借り入れた資金のこと
- **財務体質**
  組織の財務の基本的な状況のこと。「良い」「強い」と表現する場合は、過去の実績を含め、資金を潤沢に持っている、利益が多いことを表している

> ●雇用形態
>   正社員、契約社員、派遣社員、パート・アルバイトなど、組織と雇用される職員（スタッフ）の間で結ばれる勤務契約のこと
> ●棚卸
>   決算日に、残っている商品や製品などの在庫の数量をかぞえ、在庫の金額がどれだけあるかを計算すること

①決算分析と次年度の計画

年度が終了し、次年度の予算を決めるためには、以下の手順が必要です。

> ❶年度が終了したら決算分析を行います。
> 　　　　　↓
> ❷決算の分析に従い、次年度の予算計画を立てます。
>   ・事業計画の作成（予定）
>   ・中・長期的なサービス展開に必要となる予算
>   ・人員管理のために必要な予算
>   ・上記を精査したうえでの予算の作成
>   ・その他、消耗品や家賃など、必要な経費の予算作成
> 　　　　　↓
> ❸予算と事業計画の内容を精査し、正式な事業計画を立てます。

②計画的に予算を執行するための人員整備

●予算通りに計画を遂行するための人員を整備します。
　・物品の在庫などの管理のチェック
　・サービス展開に要する経費の算出

上記内容を年に何回か、間隔をあけずに実施するようにし、経営状況を把握・確認するしくみが必要です。

③経営者や経理責任者は、状況把握を常に行う

　経営者や経理責任者は、損益状況、資金状況を確認し、事業所の状況把握を行う必要があります。状況把握を行うことで、きめ細かな経営分析を行うことができるのです。

　また、職員（スタッフ）に経営状況に関する情報を提供することで、コスト削減や効率的なサービス提供に対する意識が高くなり、全員で経営状況の改善に取り組むことができるようになります。

④利用希望者や利害関係者に対する財務諸表等の開示

　社会福祉法第四十四条では、希望のあった利用者や利害関係者に対して財務諸表などの開示が義務づけられています。

　情報を公開することで、事業所としての透明性を確保するとともに、それらの情報が、利用者が事業所を選択するための資料となるため、情報公開・情報提供の体制を整備する必要があります。

第4章

介護福祉事業のマネジメントの基礎を学ぼう②

この章で学習した後で、以下のテーマについて話し合いましょう。

- 大まかな自己評価（○△×）
- 「自己評価結果を共有する」「改善策を提案し合う」
- 自身の5年後のキャリアパスを描こう
- 介護の職場には、ネガティブな言葉や感情が渦巻いているのか
- ポジティブな感情で心を満たすには
- 自事業所の成長サイクルをつくろう

1 リーダーシップ論

1. マネジメントの基礎知識

1）マネジメントとは何か

　マネジメントとは、マネジメントの神様であるドラッカーが**表4-1**のように説明しています。この内容は介護福祉事業者にとっても、一つひとつが重要な項目です。

　マネジメントの基礎知識のなかでは、管理者のリーダーシップが特に重要となります。良い上司は部下の強みを見つけて伸ばすことができなければなりません。

　マネジメントのできる部下を育てるためには、上司がいかに部下の強みを把握し、その強みを活かして課題を解決していくことができるかが重要

表4-1 ■マネジメントの基礎知識

事業	・企業の目的は顧客の創造 ・我々の事業は何か ・顧客にとっての価値 ・知りながら害をなすな
組織	・考える組織を作る ・自ら変化をつくりだす（イノベーション）
管理者の リーダーシップ	・部下の強みを活かす責任 ・信頼する
成果	・優先順位を決める ・選択と集中 ・対立なければ決定なし
成長	・自らの強みに集中する ・真摯こそ成長

（宮野　茂：リーダーシップとメンバーシップ，モチベーション．介護福祉経営士テキスト実践編Ⅱ-7, 日本医療企画, p2, 2012）

であり、それこそがマネジメントにおけるリーダーシップといえます。これからの事業所には、自ら考えるリーダー(管理者)が必要なのです。すなわち「自分の事業所はどう変わればよいのか」を考える「自立型リーダー」でなければならないのです。上司(経営者)に言われてから実行するようなリーダーではいけないのです。

　自立型リーダーには、自分の事業所のめざす姿(ビジョン)がイメージでき、イメージの実現に向けた具体的な目標設定ができることが求められます。そのイメージを実現するためには、チームの課題が何なのかを具体的に理解し、その課題を解決するための計画を作成し、実行するための部下を育成しなければなりません。部下と上司が協力して計画を実行することで、チーム職員間に「コミュニケーション」が生まれ、その結果として「チームケア」の実践が可能となります。

　このようなリーダーを育成することが、人材育成のマネジメントということです。さらにいえば、このようなリーダーのもとにいる職員と利用者を幸せにするしくみこそがマネジメントだといってもよいでしょう。マネジメントのできるリーダーのいるチーム(組織)とそうでないチームでは、大きな格差が生まれることとなります。

　しかし、マネジメントのできるリーダーは、一朝一夕には育成できません。「時間がかかるから」と育成しなければ、いつまでたってもマネジメントを行えるリーダーはできません。

2)介護福祉事業に求められるマネジメントとは何か

　マネジメントとは、さまざまな資源や資産・リスクなどを管理し、健全な経営をめざすための手法のことです。マネジメントは一般に「管理」と訳されますが、「管理」という意味のほかに、「評価・分析・選択・改善・回避・統合・計画・調整・指揮・統制・組織化」などさまざまな要素を含み、これらを総合した概念がマネジメントだと言うことができます。介護福祉の業界においてリーダーに求められるマネジメントは、大きく分けて

2つあります。1つ目は、事業を運営するために必要なマネジメント（サービスの質・経営効率など）です。2つ目は、人材を育成するためのマネジメントです。

（1） 事業運営のマネジメントとは何か

　事業運営のマネジメントとは、中長期の事業計画を立案し実行することです。自分の事業所の「目標」と「めざす姿（ビジョン）」をすぐに思い浮かべることができるでしょうか。

　事業運営のマネジメントを行うためには、以下の3つの条件が必要となります。

①共有された組織の課題・目的が「見える化」されていること（何のために何を行うのかが明確になっていること）

②目標を達成するための計画があること（「いつ」「誰が」「どうやって」行うのかが明確になっていること）

③計画を実行できるリーダーがいること

（2） 人材育成マネジメントとは何か

　複数の職員が「共通の課題・目標」をめざして動くためには、何が必要なのでしょうか。このことを理解できる人が、優秀な職員を育成できるのです。人間は、一人ひとり異なる性格、気質、価値観、事情といったものを持っています。さまざまな価値観を持った職員が「共通の課題・目標」をめざすからこそ、良いアイデアが生まれるのです。

　共通の課題・目標を達成するためには、部下とのコミュニケーションが必要です。部下とコミュニケーションをとるためには、コミュニケーションのスキルが必要となります。部下とのコミュニケーションに際しては、以下のようなことを意識する必要があります。

①リーダーは、チームの構成員を勇気づけなければなりません

②部下に課題を与え、やる気の出るような助言をしなければなりません

③うまくいったらほめなければなりません

2. マネジメントスキルを理解する

1) マネジメントの役割

　マネジメントの役割は、「組織の目的を達成するために、組織の維持・発展を図ること」で、その目的は、「目標をめざし、組織を発展させること」なのです。マネジメントは、組織の目的を達成させるための手段と言うことができます。

　組織は、その事業体の存続のために市場原理の中で利潤をあげることが必要です。しかし単に利益至上主義に走って、利用者のニーズに合わないサービスを提供する、または社会的なルール、市場ルールを無視すれば、利用者から見放され事業体自体が消滅してしまうでしょう。その時々の社会経済状況、事業体を取り巻く外部経営環境に対応しながら、利用者に選ばれるサービスを常に提供していくためにもマネジメントが必要となります。

2) マネジメントスキルとは

　スキル（Skill）とは、教養や訓練を通して獲得した能力のことで、介護福祉事業において、リーダーが持っていなければならないマネジメントスキルを、「3つの力と10の要素」にまとめました（**図4-1**）。

　さっそく、10の要素について、大まかに自己評価をしてみましょう。10の要素について、自信があれば○、自信がなければ×、どちらとも言えない場合は△で評価してみてください。評価が終わったら、10の要素が3つの力のどれに対応しているかを確認します。このようにして、自分の強み、弱みがどこにあるのかを把握することができます。

　リーダーがこの10の要素について自己分析し、自分の強み、弱みを理解し、自らの強みを生かし、弱みの解決を図ることで、よりリーダーシップのあるリーダーができていくのです。

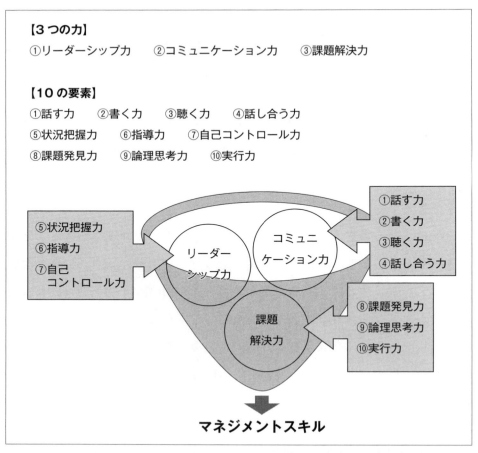

図 4-1 ■チームケアに求められるリーダーのマネジメントスキルとは

(宮野 茂：リーダーシップとメンバーシップ，モチベーション．介護福祉経営士テキスト実践編Ⅱ-7，日本医療企画，p10，2012)

　事業所が健全に運営されるためには、リーダーの能力とやる気(モチベーション)を高めなければなりません。自らの強みを十分に生かすことで、弱みの改善につながりますし、弱み自体を意識することでも、改善につながります。さらに、事業所内、多職種の人とのチームづくりが必要になります。人づくりにはコミュニケーション力が欠かせません。個々のスキルを把握し、その能力を高める働きかけだけでなく、チームの中にある課題を発見し、解決に向けての働きかけも必要となります。

3. コミュニケーション力

　コミュニケーション力は、スタッフとの間だけでなく、利用者やその家族、医療関係者などチームとして働く他職種の人々との間でも、常に必要となる能力です。コミュニケーションによって情報を得、相手の思いや意見を理解し、自分の思いを伝え、調整を行うことができます。
　コミュニケーション力に必要な要素には、①話す力、②書く力、③聴く力、④話し合う力があります。

1）話す力
　自分の意見や思いを相手に伝えるためには、ただ話せばよいというものではありません。伝えたいことは何か、どうしてそれを伝えたいのかなど、事前に整理し、要点をまとめ、聴き手が理解しやすいように話す必要があります。

（1）　わかりやすい話し方
　①聞きやすい声量・適度なスピードに心がける
　②明瞭な発音で、抑揚をつけた話し方をする
　③語尾をはっきりと発音する
　④やさしくわかりやすい表現で話す
　⑤主題を明確に表現する
　⑥「丁寧語」「尊敬語」「謙譲語」などを適切に使うことで、聴き手が嫌な思いをしないように話す

2）書く力
　介護保険サービスを提供した場合には、介護計画と実施後の記録が残っていなければなりません。記録の保管がされなければ減算の対象となります。それだけでなく、スタッフ間や事業所内の通知など、書面でさまざま

な情報を伝えなければならない場面が数多くあります。

　記録を読んだ人が書かれている情報を正しく把握できなければ、さまざまなリスクが発生してしまうこともあるでしょう。読みやすく、わかりやすい文字で、内容が明確に伝わるように書く力が必要になります。

　書く力をつけるためには、訓練が必要です。事業所全体として、この書く力を高めるには、個々の努力にまかせるだけでなく、事業所内で勉強会などを開催し、職員が学ぶ機会を設けることも、リーダーとして必要とされることです。

3）聴く力

　事業所のリーダーには、スタッフからの報告だけでなく利用者からの苦情など、さまざまな種類の話を聴く機会があります。スタッフからの話も、ただの業務報告から、利用者との関係がうまくつくれないなど、悩みの相談もあるでしょう。

　話し手が「聴いてもらえた」と感じられるように「聴く」ことが必要です。「聴いてもらえた」と感じられるように聴くことができていれば、聴き手も相手の思いを感じることができます。

（1）聴くことのポイント

　人の話を聴くときには、とにかく話し手の気持ちをしっかりと受けとめる姿勢で聴く必要があります。話の内容だけでなく、どのような思いでいるかまでを感じられるように話を聴くことが重要です。

　話し手が「話しにくい内容だけど、どうにか伝えなければ」と思えば思うほど、言葉はスムーズに出てきません。ときには話が途切れたようになることもあります。このようなときでも、話を切り上げるような感じで、自分の意見を挟んだりするようなことをしてはいけません。

　表4-2に、聴き方の基本姿勢を具体的にまとめましたので、参考にしてください。

表 4-2 ■聴き方の基本姿勢

①話し手を受容する	・言葉だけでなく、話の背景、その裏に隠された気もちまでを感じとるようにする ・話の内容を前向きに受け入れる（肯定的にあいづちを打つなど） ・話のスピードにペースを合わせ、よく受けとめたいという雰囲気をつくる
②話し手を承認する	・内容に応じて、的確な応答、質問をする ・喜びや、悲しみに共感を示す
③話し手を重視する	・話を最後まで聴く ・先入観をもたず、素直な態度で真剣に聴く

（宮野　茂：リーダーシップとメンバーシップ，モチベーション．介護福祉経営士テキスト実践編Ⅱ-7，日本医療企画，p60，2012）

4）話し合う力

　話し合う力とは、他者と意見を交換しながら建設的な議論ができる力のことです。リーダーとしての意見を述べるだけでなく、個々のスタッフの意見を聞き、双方向で話し合うことが重要です。議論の進め方や時間配分をあらかじめ考えたうえで、それぞれの意見を検討し、方向性を決定していかなければなりません。また、スタッフから建設的な意見が出ない場合などには、意見を出しやすいような働きかけも必要です。議題の目的を常に意識して、目的達成のための話し合いができるよう、力をつけましょう。

　表4-3に、コミュニケーション力を評価するためのチェックシートを載せます。表に沿って自己評価をすることで、自分のコミュニケーション力がどうであるかを把握することができ、他の人と結果を共有したり、改善策を講じたりすることができます。

表 4-3 ■コミュニケーション力の評価

要素	内容	評価尺度	自己評価
話す力	自分の意見をわかりやすく伝える力	根拠を明確にして適切な自己主張ができる	
		常に目的と聴き手を意識して話すことができる	
		簡潔明瞭に、ものごとを正確に伝えることができる	
		構成を意識して、筋道立てて話すことができる	
		適宜要約や具体例を入れてわかりやすく話すことができる	
書く力	正確な記録や読みやすい報告文などが作成できる力	話を聴きながらメモをとることができる	
		常に目的と読み手を意識して文章を書くことができる	
		簡潔明瞭に、ものごとを正確に伝える文章を書くことができる	
		構成を意識した文章を作成することができる	
		具体例や理由を示してわかりやすく説明した文章を書くことができる	
聴く力	他者の意見を丁寧かつ正確に聴くことができる力	相手に関心を持ち、それをあいづちなどによってフィードバックできる	
		相手が話しやすい雰囲気をつくることができる	
		話を正確に理解するための確認や質問を行うことができる	
		話の背景や前提を引き出すための質問ができる	
		相手の話を正確に理解し、意味を変えずに要約や言い換えができる	
話し合う力	他者の意見をふまえ建設的な論議ができる力	討議の目的・時間配分・効果的な進め方を意識している	
		論点のずれを指摘したり、軌道修正したりすることができる	
		対立を恐れず、自分の意見を説得力をもって主張することができる	
		話の流れを整理するための視覚化(図解)や構造化(統合)ができる	
		異なる意見を調整して合意形成を行うことができる	

(宮野 茂:リーダーシップとメンバーシップ,モチベーション.介護福祉経営士テキスト実践編Ⅱ-7,日本医療企画,p15,2012)

4. リーダーシップ力

　リーダーシップ力とは、リーダーが組織の目標に向かって、スタッフ一同が力を合わせて行動するように働きかける力のことです。リーダーには、

起きている事柄や状況などを的確に把握し、課題を解決する方法を提示し、その方法をスタッフに浸透して問題を解決する力が求められます。それが、状況把握力、指導力、自己コントロール力です。

1）状況把握力

　状況把握力とは、何らかの問題が生じたときや、状況を変える必要が生じたと思ったときに、先入観や不確かな情報にとらわれず、さまざまな意見や客観的な情報を集め、正しく認識し、課題を整理し、判断する力のことです。

　たとえば、職場で事故が起きてしまったときの対応を考えてみましょう。関係する複数の意見を聞き、さらに状況などの情報を集め、それらを整理し、客観的に分析しなければなりません。さらに、その結果を関係者に伝える必要があります。その場合、周囲の人々の利害を調整し、よりよい解決に向けた働き方が必要になり、関係する職員などに役割を割り当てることも必要になるでしょう。

　関係者とのかかわりの中で、相手によってコミュニケーションスタイルを変える必要も出てきます。何らかの状況に対し、関係者は異なる感情をもっています。相手の気もちを推し量り、傷つけることのないようなコミュニケーション力が必要になります。

2）指導力

　リーダーが、個々のスタッフに対して仕事上の目標や方向性を的確に示し、それぞれのスタッフは、その目標や方向性を理解したうえで、持てる能力と意欲を十分に発揮し、グループの目的を達成するよう努力することで、組織は健全に動いて行きます。そのような動きを起こす力のことを指導力と言うことができます。言い換えれば、やる気にさせ、目標に向かわせる力、とも言えます。

　指導力を高めるためには、リーダー自らが以下の項目に関し、日常的に

努力していくことが必要です。
①スタッフを知る
　プライバシーに配慮しながらスタッフの日常生活に関する情報に関してもある程度把握し、仕事に対する姿勢や思いを知ることで、その個人のモチベーションを理解する手がかりとなります。
②スタッフを育てる
　人は、多くの場合「仕事をしながら学ぶ」ものです。技術的なスキルだけでなく社会人としてのマナーなどについても、学べる場の提供が必要です。そのためには、リーダーだけでなく先輩スタッフの行動も手本となります。
③方向性を示す
　ただ声をかけただけではスタッフは動くことができません。何を、いつまでに、どんな方法で、どの程度やればいいのか、具体的に示す必要があります。

3）自己コントロール力

　自己コントロール力とは、自分の感情や行動をコントロールする力のことです。さまざまな人間関係のなかで、ときには腹が立ったり、気分的に落ち込んだりと、さまざまな感情が人間にはつきものです。これらの感情をコントロールすることです。ときには忍耐や努力も必要です。何事があっても平常心で過ごせるようにすることが必要なのです。
　それでも思わず感情が顔に出てしまうこともあります。そのときには、「いけない！」と気づくことが大切です。感情のおもむくままに叱責しても、何の結果も生みません。ただ関係性を悪化させ、信頼を失う結果になります。
　表4-4に、リーダーシップ力を評価するためのチェックシートを載せます。表に沿って自己評価をすることで、自分のリーダーシップ力がどうであるかを把握することができ、他の人と結果を共有したり、改善策を講じたりすることができます。

表4-4 ■リーダーシップ力の評価

要素	内容	評価尺度	自己評価
状況把握力	ものごとの状況や関係性を理解し対応する力	チームの状況を客観的に理解し、最適な行動をとることができる	
		個々のメンバーの個性、能力、状況に応じた配慮ができる	
		組織から求められている自分の役割を理解できる	
		よりよい解決に向けて、周囲の人々の思惑や利害を調整することができる	
		相手に応じてコミュニケーションのスタイルを変えることができる	
指導力	他者に働きかけ、やる気にさせ目標に向かわせる力	メンバーと目標を共有することができる	
		メンバーに協働を促す声かけや働きかけができる	
		メンバーの言動をよく観察し、適宜フォローすることができる	
		他者の言動の良い点や改善点を適切に評価できる	
		一方的に進言せず、相手に気づかせ考えさせることができる	
自己コントロール力	自分の感情や行動をコントロールできる力	動揺したり落ち込んだりしても、すぐに気持ちを切り替えることができる	
		メンバーに対して苦手意識を持たない	
		ポジティブな考え方やモチベーションを維持することができる	
		経験から学んだことを次の言動に活かすことができる	
		自分の能力やスキルを向上させる努力を行うことができる	

(宮野 茂：リーダーシップとメンバーシップ, モチベーション. 介護福祉経営士テキスト実践編Ⅱ-7, 日本医療企画, p18, 2012)

5. 課題解決力

　課題解決力とは、課題が生じたときに問題点を発見し、解決策を立て、課題が解決されるまでその組織を引っ張っていく力のことです。
　課題解決力は、課題発見力・論理思考力・実行力の3つの要素に分けることができます。

1)課題発見力

　課題発見力とは、現状を分析し、本質的な問題を明らかにする力のこと

です。

　たとえば、事業所のスタッフに笑顔がなく、遅刻やちょっとしたミスが続き、スタッフ間での会話もなくバラバラに活動している、と感じた場合を考えてみましょう。リーダーや他のスタッフが遅刻したスタッフやミスをしたスタッフに小言を言うだけでは、事業所を良い雰囲気にしていくことはできないでしょう。

　このような場合、事業所のあり様を示す目標の再確認からのスタートとなります。その次に、目標を阻害する要因をできるだけ多く抽出し、課題として明確化します。その課題に優先度をつけ、優先度の高いものから順に解決に向けて動き出すことになります。

2）論理思考力

　論理思考力とは、解決しなければならない課題を適切にとらえ、論理的に考え、個々の問題をとらえる力のことです。何らかの課題が見つかったときに、「どうせ●●さんが△△したからに違いない」「●●さんと□□さん、仲が悪いから」など、先入観や噂などにとらわれて、主観的・感情的になることなく、集めた情報を客観的にとらえ、整理し、そのうえで解決策を考えなければなりません。そのためには、時に他者の意見を求めるなど、さまざまな方法の工夫も必要になります。さらに、解決のための計画づくりなど、会議の場では、感情に流されやすい出席者の流れを、課題解決という目的に向けてコントロールしていく必要もあります。

3）実行力

　実行力とは、課題解決、目標達成に向けて確実に行動する力のことです。課題を発見し、論理的に考えることで解決すべき個々の問題を抽出し、自らが動き出すだけでなく協力者に役割を分担し、進捗状況をチェックしながら計画を実行していくことが求められます。

　リーダーが孤軍奮闘して「頑張って」と言っても、スタッフがついてき

表 4-5 ■課題解決力の評価

要素	内容	評価尺度	自己評価
課題発見力	現状を分析し本質的な問題を明らかにする力	現状を正しく認識するために必要な情報収集を行うことができる	
		既成の枠組みにとらわれないで自由な発想を行うことができる	
		現状を正しく認識するために多角的に検討することができる	
		問題の関連性などをわかりやすく整理することができる	
		制約条件や優先順位を考慮し、課題を設定することができる	
論理思考力	課題を的確にとらえ論理的に考える力	事実と意見・感情を区別してとらえることができる	
		経験や具体例を一般化(抽象化)したり、抽象例を具体化することができる	
		ものごとの背景(原因)や影響(帰結)を筋道立てて考えることができる	
		ものごとを俯瞰して、構造的にとらえることができる	
		問題を吟味し、深く掘り下げて考えることができる	
実行力	課題解決・目標達成に向けて確実に行動する力	実施に向けた具体的な手順を考えることができる	
		ゴールイメージを明確にしながら作業を進めることができる	
		自ら率先して積極的に行動することができる	
		進捗状況をチェックしながら作業を進めることができる	
		困難な状況でも、目標に向かってねばり強く取り組むことができる	

(宮野 茂:リーダーシップとメンバーシップ,モチベーション.介護福祉経営士テキスト実践編Ⅱ-7,日本医療企画,p18,2012)

てくれるとは限りません。リーダーと思いをひとつにするスタッフと手分けしたり、役割を分担するなどして、組織・グループとして、実現に向けて動く必要があります。

表4-5に、課題解決力を評価するためのチェックシートを載せます。表に沿って自己評価をすることで、自分の課題解決力がどうであるかを把握することができ、他の人と結果を共有したり、改善策を講じたりすることができます。

6. マンダラートシートの活用

　マンダラートシートは、本来、今泉浩晃によって1987年に考案されたアイデア発想のために作られたツールですが、介護福祉サービスの場面でも、個人の頭の中を整理するためのツールとして使用できます。
　紙などに9つのマスを用意し、それを埋めていくという作業ルールを設けることで、問題を整理し、思考を深めていくことができます。
　以下にその使い方の手順を示します。
①3×3の9マスを書き、その中心のマスに頭の中にある課題を書き込む
②周りの8つのマスにはそれに関連する事柄を思いつくままに記入する
③周りに書いた8つのなかで、最優先に解決しなければならない項目を次の用紙の中央に書く
④1枚目と同様に、周りの8つのマスに関連する事項を書き入れる
　これを何度も繰り返すことにより、思考を深めていくことができます。漠然としていた物が具体的になり、何をすれば課題解決につながるのかが明確になってきます。
　マンダラートシートの使用例を載せます(**図4-2**)。使用例のように、自分でテーマを決め、そのテーマについてのシートを書いてみましょう。書き終えたら、周囲の人と共有し、改善策を提案し合ってみてください。

1 リーダーシップ論

目標・課題を与える	定期的な話し合いを持つ	部下を評価する
部下とのコミュニケーションをとる	**部下を育成するには**	部下の弱み・強みを理解する
自分自身で育成関係の本を読む	部下をほめる（叱る）	社内・外研修を行う

→

コミュニケーションスキル研修	接遇研修	話し方・書き方研修
指導者研修	**社内・外研修を行う**	介護保険制度研修
介護技術研修	ほめ方研修	マネジメント研修

↓

定期的に飲み会を開催する	コミュニケーションスキル研修を受講させる	聴き方の態度を変えてみる
定期的会議を開催する	**部下とのコミュニケーションをとる**	叱って反応を見る
昼食会を行う	座席を変える	定期的面談を実施する

図4-2 ■マンダラートシート使用例

（宮野 茂：リーダーシップとメンバーシップ，モチベーション．介護福祉経営士テキスト実践編Ⅱ-7，日本医療企画，p23，2012）

2 社会に貢献する組織をつくる

1. 組織の基本理念を明確にする

1）基本理念の明文化

　介護福祉事業は、事業そのものが社会貢献に直接かかわる重要な仕事であり、人の生活と命にかかわる責任の重い仕事です。リーダーはそのようなサービスを提供する事業所のリーダーであり、重い責任を担うことになります。だからこそ、組織には理念が必要であり、理念を見失うことなく活動を続けるための環境が必要なのです。

　リーダーだけが介護福祉事業の社会的責任を理解するのではなく、事業所の基本理念を明文化することで、すべてのスタッフが理解し、その理念の実現に向けた活動ができるように環境をつくっていく必要があります。

2）基本理念を実現するために

　明文化した理念を実現していくためには、理念をスタッフに伝えるだけではなく、それを実現できるためのスキルを身につける必要もあります。

（1）理念の伝達

　明文化された理念を伝えるだけでなく、実現するための具体的な内容の伝達も必要になります。たとえば、「利用者の生活と安全を守る」という一文が入っていた場合、スタッフが正しい介護援助方法を理解し、実行できるだけではなく、利用者の身体状況に応じて、実施する予定の介護を提供してよいかどうかを判断する能力も必要になります。

　このように、理念を実現するためには、必要な情報の伝達を具体的に示

していくことも必要になってきます。

（2） サービスの質の向上

　理念を実現するためには、スタッフが提供するサービスの質がたいへん重要な要素になってきます。日常的な介護技術の提供であっても、利用者のニーズに沿って、提供するタイミングや内容を判断し、利用者にとってよりよいサービスになるような工夫をすることもサービスの質の向上になります。また、当然事故につながることのない適切なサービス提供のための判断も必要になります。

　一人ひとりのスタッフが自己研鑽し、あるいは他者と切磋琢磨し、自身の価値を高めるように活動し、利用者にとってよりよいサービスを提供し、利用者が安心して生活できるようにすることが、地域づくりや社会貢献につながります。

（3） 職員（スタッフ）教育

　サービスの質の向上をスタッフだけに任せるのでは、リーダーとしての職務を怠っていることになります。介護技術の教育だけでなく、組織の理念や専門職としての倫理観を理解するための教育も必要でしょう。また、経営の安定のためには、無駄な経費をかけないようにすることをそれぞれのスタッフに意識してもらうことも必要です。それらのことをほかのスタッフや先輩のスタッフから、ときには外部の教育機関による教育によって、身につけてもらう必要があるのです。

2. 業務改善を継続する

1）業務改善とは

　事業は、スムーズに何の問題もなく進んでいる場合でも、常に目的の実現をめざした業務改善が必要になります。改善しなければ、目標に向かった活動を停止することになります。

業務改善を進める場合には、その基本的な考え方をしっかりと身につけなければなりません。その場合に重要となるのは、「あるべき姿と現状との『ギャップ』」「問題意識」です。

　「問題を発見」するためには、「あるべき姿」を明確に意識しておく必要があります。「あるべき姿」は、組織がめざしている目標であり「望ましい状態」です。この目標があるから、問題を発見できるのです。

　「何をすべきか」「なぜ、そうなったのか」といった問題意識をもち、改善に向けた取り組みの意志を職員全員で共有するだけでなく、スタッフ個々人が日頃から「問題意識」をもち続けることが大切です。

（1）業務改善の手順

　業務改善を進める場合は、その手順をしっかりと理解しておくことが重要になります。瀬戸恒彦著「介護事業の基礎力を鍛えるコンプライアンス経営」より、具体的な手順を記載します。まず、**図4-3**では、大まかな手順を紹介します。

①ステップ1　課題の抽出

　まずは、課題の抽出が重要です。業務改善のスタートは、問題の発見、課題の抽出です。行政の指導による指摘や、事故・苦情が発生した場合は、適切でスピーディな対応や対策が求められます。大切なのは、事故や苦情の起こる原因を究明することです。

　日頃から「問題意識」や「高い志」をもち続けていれば、問題や課題に「気づく」こともできますが、自分目線で見るだけでは「見えない」問題もあります。また、「見えやすい問題」よりは「見えにくい問題」のほうが根源的な問題であることが多々あります。たとえば、人や部署によって「あるべき姿」のイメージが異なるため、共通の課題認識がもてない、過去のしがらみや固定観念にとらわれて正しい課題を突き止めることができない、などの理由により、問題が見えにくくなっていることが多くあります。

　課題は人によって見え方が違うので、本当の課題を抽出することは難しいのですが、とても重要なことです。何を問題として何を解決すべきなの

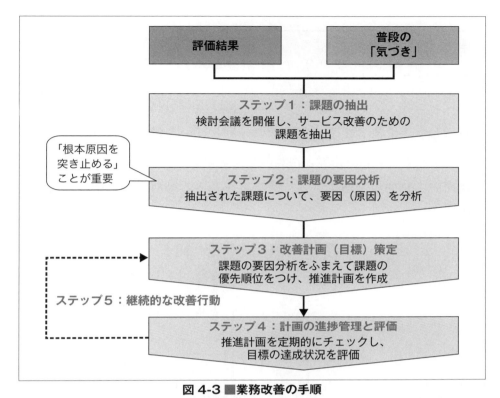

図 4-3 ■業務改善の手順
(瀬戸恒彦：介護事業の基礎力を鍛えるコンプライアンス経営. 日本医療企画, p92, 2014)

か、問題を「正しく捉える」ことが業務改善の第1ステップです。

②ステップ2　課題の根本原因を突き止める

次のステップは、問題を引き起こしている「根本原因を突き止める」ことです。これには、Why（なぜ？どうしてその問題が起こっているのか？）でアプローチします。つまり、なぜそういう結果（現状）になっているのかについて、考えられるさまざまな原因（要因）をスタッフ間で話し合うことです。そして、考えられる複数の要因を書き出し、整理します。

たとえば、「ロジック・ツリー」という問題解決に使われる思考フレームがあります。これを使って、課題の原因となっている一次要因を洗い出し、さらにそれら一次要因の原因となっている二次要因、さらには三次要因を洗い出していきます。つまり、大きな課題を、より小さな具体的な課題に分解し、検証可能な論点として整理することが重要なのです。

> **用語解説**
>
> ●ロジック・ツリー
>
> 　ロジック・ツリー（**図4-4**）とは、MECE（モレなくダブりなく）を意識して上位概念を下位の概念に分解していく際に用いられる思考ツールです。問題解決で、本質的な問題がどこにあるのかを絞り込む場面や本質的な課題に対して解決策を考える場面などに用いられます。
>
>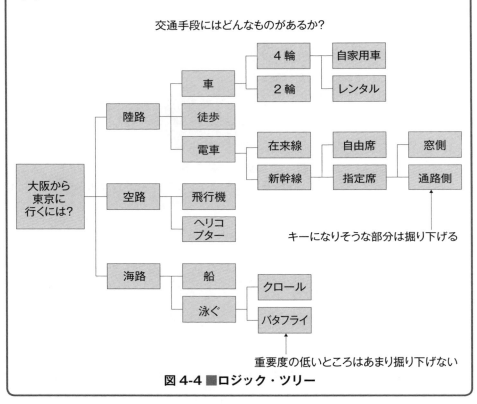
>
> 図4-4 ■ロジック・ツリー

●ロジック・ツリーを使用する場合の要因の洗い出し

- あまり細かなところにとらわれず、本質的に重要な要因の抽出を意識する
- 仮説要因を立てることで、効率的に進めることもできる
- 過去の考え方にとらわれず、ときにはゼロベースで発想することも重

要となる

③ステップ3-1　課題の優先順位をつける

　課題の優先順位をつける手法としてよく使われるのは、「重要度」と「緊急度」のマトリックスです。抽出された課題をこのマトリックスに当てはめ、「緊急」で「重要」な課題から取り組むことが重要です。たとえば、事故や実地指導での指摘事項などは、「緊急」であり「重要」なので、優先順位を高くして取り組む必要があります。図4-5を参考にして、事業所の課題の優先順位をつけてみましょう。

　優先順位のつけ方でよくある誤りは、「緊急」な課題に目を奪われて「重要」な課題を後回しにしてしまうことです。このような優先順位のつけ方をしていると、重要な課題への対応が後回しになってしまい、大きな問題へと発展する場合があります。したがって、「緊急」ではないが「重要」な課題は、優先順位を高くしておかなければなりません。

　たとえば介護職員の教育などがこれにあたります。緊急ではありませんが重要な課題ですので、優先順位を高くして取り組む必要があります。

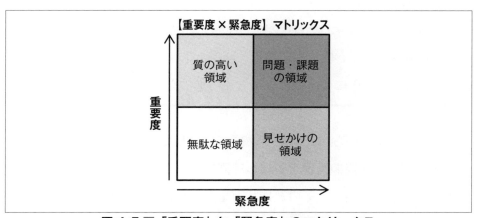

図4-5　「重要度」と「緊急度」のマトリックス

（瀬戸恒彦：介護事業の基礎力を鍛えるコンプライアンス経営. 日本医療企画, p95, 2014）

④ステップ3-2　対策を考える場合の「How（どうやって？）」の思考

　問題の優先順位がつけられたら、あとはどうやってそれを解決すればいいのか？　という対策を考えることになります。これはHow（どうやっ

て?)の思考で考えます。つまり、その要因を除去したり克服するためには何をすればいいのかについて、考えられるさまざまなアイデアをスタッフ間で話し合うことです。そして、考えられる複数の解決策のアイデアを書き出し、整理します。

次にそれぞれの対策案について、個人でできるもの、組織全体で取り組むべきもの、制度変更を伴うもの、あるいは、要する時間やコスト、期待できる効果の程度、などといった要素をそれぞれ評価します。その結果、どの方法が最善なのかを評価選択するというのがこのステップです。

⑤ステップ3-3　計画を実行する場合に重要な5W1H

課題への解決策が決まったら、それを改善計画として仕上げます。計画は、実行しなければ意味がありませんので、目標を設定し、いつまでに、誰が実施するかを事前に決めます。その際大切なことは、プロジェクトマネジメントの基本である**5W1H**の考え方をもとに、

- What（何を：改善目標の明確化）
- Who（誰が：推進リーダー・担当者は誰か）
- When（いつ：いつまでに実施するか、期限を決めておく）
- Where（どこで：必要に応じて、対象の範囲、部署等を決めておく）
- How（どのように：どのような方法で進捗をチェックするのか）

などについて、管理者とスタッフ間で合意しておくことです。

⑥ステップ4-1　進捗管理を確認し評価する

策定した改善計画は、その進捗状況を常に把握することが必要になります。業務改善は、目標と計画（P＝Plan）、計画の実行（D＝Do）、進捗管理と評価（C＝Check）、計画の見直し・改善（A＝Action）のプロセスを常に意識しながら、継続的に取り組み、PDCAの好循環サイクルをつくりあげていくことです。

業務改善の推進と管理の重要な役割を果たすのが「評価＝チェック（C）」

です。「評価」は、「計画」に従って「実行」した経過がどうか、その進捗を管理し評価することです。「計画」どおりにできているか、「計画」どおりに進んでいないところはどこか、なぜできていないのかを、きっちり点検する必要があります。

⑦ステップ4-2　評価の「計画・仕組み」

　評価の「計画・仕組み」が重要です。P（Plan：計画）やD（Do：実行）に対して熱心に取り組んだとしても、その後のC（Check：評価）があいまいで、PDCAサイクルがうまく回らないという話をよく聞きます。このような場合、当然A（Action：改善）もできず、PDCAのサイクルは回りません。

　評価ができていないのは、評価の「計画・仕組み」が考えられていないことが多いようです。日常の忙しさに紛れていつの間にか忘れられてしまわないために、まず、評価をいつ行うのかと、どのように行うかをあらかじめ検討しておくべきです。

⑧ステップ5　業務改善を楽しむ

　社会福祉法人「心の会」が運営する通所介護事業所では、利用者評価を活用して業務改善に取り組みました。その理由は、「送迎について利用者のニーズに応えられていないのではないか」「デイサービスの内容が利用者に満足していただけていないのではないか」との問題意識があったからです。苦情にはなっていませんが、こうした問題意識があると、利用者の満足度を把握したいという気もちになり、評価の実施につながります。評価を実施した結果、介護人材の育成およびリスクマネジメントに課題があることがわかりました。

　そこで、常勤のスタッフ5～6名で会議を開き、評価結果を共有しながら話し合い、次に、非常勤職員についても、常勤会議で話し合った内容を抜粋して報告し、情報の共有化を図っていきました。こうした取り組みを進める中で、職員の意識が変わり、ケアの記録を正確にとるようになり、ケアへの関心も高くなりました。そして、記録書類のフォーマットをより目的にかなうものに職員自ら変更するなど、業務の改善が行われるように

なったのです。こうした業務改善を進めるためには、何よりも職員の問題意識が重要であることをうかがわせる事例です。

　第三者が行う評価には、職員の意識改革やモチベーションの向上、潜在的な課題の把握など、さまざまな効果をもたらしますが、それを活用して業務改善を進めることができるかどうかは、管理者の姿勢にかかっています。業務改善は、自らの問題点を掘り下げたり、これまでのやり方を変えるため、大きな労力を要するなど「苦しいこと」を伴いますが、利用者の満足度が上がるなどのよい結果をもたらすことがわかれば、「楽しいこと」に変わります。業務改善を楽しむ心が備わると、一人ひとりのスタッフの行動が変わってきます。行動が変わると習慣が変わり、習慣が変わると未来が変わります。

　業務改善をとおして、事業所の組織風土をよりよいものにし、サービスの質の向上と事業の発展に寄与するためには、「業務改善を楽しむ心」が重要なのです。

3. 事業の成長サイクルをつくる

1）スタッフの満足度を高める

　サービス事業の成長や収益の成果を達成するうえで関係する主要要因の関連性を示したフレームワークとして、『サービス・プロフィットチェーン』という考え方があります。

　ハーバード・ビジネススクールのジェームズ・L・ヘスケットらが、成功したサービス企業の分析を通じて開発しました（**図4-6**）。サービスにおける売上や利益に関係する従業員満足、顧客満足、企業利益の因果関係を示したフレームワークのことです。

　サービス・プロフィットチェーンは、職員満足（ES）が利用者満足（CS）を高め、またその利用者満足が職員満足を高めるという循環サイクルに

なっていることを示しています。「職員満足⇒利用者満足⇒職員満足⇒」という好循環サイクルを回すことが、事業の成長のカギを握ることを表したものです。

2）職員満足と利用者満足の重要性

　このように、職員満足と利用者満足は事業成長にとってきわめて重要な要因であるため、職員満足度調査や利用者満足度調査で、定期的に顧客満足状況や従業員満足状況を把握することは大切なことです。さまざまな角度から分析することで、業務改善に向けての課題を発見することができます。

フレームワークの基本的な考え方

①高い職員満足は、Loyalty（ロイヤルティ）の向上や高いサービス生産性をもたらし、これがサービス価値（品質）の向上をもたらす。

②サービスの価値（品質）向上が、顧客満足を高め、顧客ロイヤルティの醸成につながる。

③ロイヤルティの高い顧客（家族）が、リピート利用や他の顧客への推奨をすることで、収益の向上やブランド価値の向上など事業の成長につながる。

④事業の成長でもたらされた原資をもとに、採用・配置・評価・育成など適切な人材マネジメントシステムを構築し、内部サービス品質を向上させる。

⑤内部サービスの向上が社内顧客といわれる職員の満足度を高める。

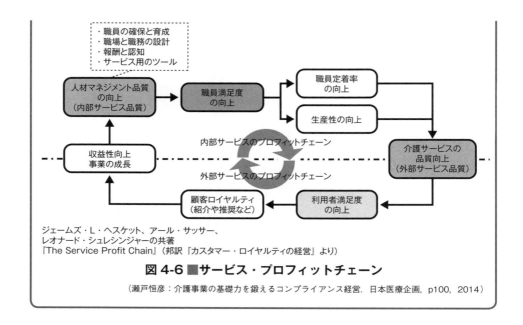

図 4-6 ■ サービス・プロフィットチェーン
(瀬戸恒彦:介護事業の基礎力を鍛えるコンプライアンス経営. 日本医療企画, p100, 2014)

4. 事業目標と戦略を「見える化」する

1) バランス・スコア・カードの活用

　事業の目標と戦略を「見える化」するひとつの有効な手法が、『バランス・スコア・カード (BSC)』です。

　バランス・スコア・カードとは、事業所のもつ何らかの要素がその事業所のビジョン・戦略にどのように影響し業績に表れているのかを可視化するための業績評価手法です。

　一般にバランス・スコア・カードは、「学習と成長の視点」「業務プロセスの視点」「顧客の視点」「財務的視点」の順で連鎖しています。つまり、スタッフの動機づけができれば、利用者に質のよいサービスを提供できるようになり、利用者が満足し、その結果、売上・利益が向上すると考えられます (図4-7)。

(1) バランス・スコア・カードによって可能になること

- 戦略を現場の言葉に置き換える

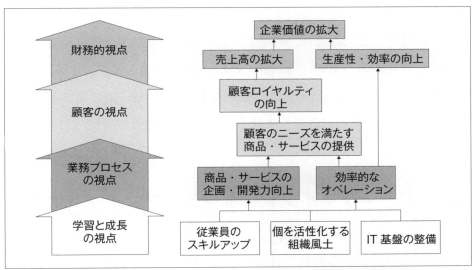

図4-7 ■バランス・スコア・カードの4つの視点と因果関係

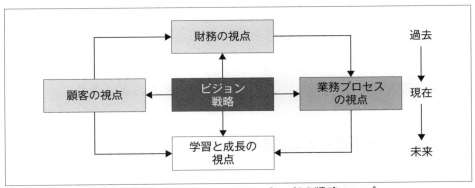

図4-8 ■バランス・スコア・カードの戦略マップ

(瀬戸恒彦:介護事業の基礎力を鍛えるコンプライアンス経営. 日本医療企画, p102, 2014)

- 組織全体を戦略に向けて方向づける
- 戦略を全職員の日々の業務に落とし込む
- 戦略を継続的なプロセスにする

(2) バランス・スコア・カードの戦略マップ

　図4-8のバランス・スコア・カードの戦略マップは、目標とビジョンを達成するためのシナリオです。目的を達成するために必要となる視点の因果関係や関連を図式化したものです。戦略マップを作成することによって、戦略の全体像を把握することができ、戦略を立てることの意義を

認識するために非常に有効です。

　介護福祉サービスの場合、利用者が満足するサービスを提供するという基本的な目標があるため、「顧客の視点」の戦略目標を起点に、「業務プロセスの視点」の戦略目標、「学習と成長の視点」の戦略目標の順に考え、全体の戦略テーマ（筋道、戦略シナリオ）を「見える化」していきます。

5. ネガティブマインドをポジティブマインドにする

　積極的な動機による利用ではなく、「必要だからやむを得ず」といった消極的な動機による利用が多くなる介護の現場には、ネガティブな言葉や感情が渦巻いています。ネガティブな言葉は、マイナスのエネルギーをもっていますので、いつもそこに身を置いていると、いつの間にか自分もネガティブな感情に満たされてしまうものです。こうした環境で、いつもプラス思考、前向きな考え方でいるためには、どうしたらよいのでしょうか。

1）介護職を選ぶ理由と、離職する理由

　まずは、実際に介護の現場にネガティブな言葉や感情が渦巻いているかどうかを知るために、介護労働者が介護の仕事を選ぶ理由と、離職する理由について見ていきます。

　介護労働者が介護の仕事を選ぶ理由としては、「働きがいのある仕事だから」という理由が最も多く、「今後ニーズが高まる仕事だから」「人や社会の役に立ちたいから」などが続きます。このように、ポジティブな理由で介護職を選ぶ人が多く、「ほかに選ぶ仕事がないから」などといったネガティブな理由により介護の道に進む人は、それほど多くありません。

　そのようなポジティブな理由で選んだ仕事であるにもかかわらず、離職してしまう理由は何なのでしょうか。離職の理由としては、「職場の人間関係」や「事業所に不満がある」「収入が少ない」などがあげられ、その理由

は多岐にわたっており、介護福祉サービスの現状の複雑さをうかがわせます。

このような複雑な状況にある介護の現場では、ネガティブな言葉や感情がはびこっていることが少なくありません。では、このようなネガティブな感情から抜け出すにはどのようにすればよいのでしょうか。

2）介護は人を幸せにする仕事

人によってその方法は違うと思いますが、介護職においてプラス思考、前向きな考え方でいるためには共通の考え方があります。それは、「介護の仕事は人を幸せにすることを手伝うことである」と考えることです。

介護の仕事の本質は、「利用者を幸せにする」ことにあります。そのためには、介護する側の人も幸せである必要があります。介護者がネガティブでは、介護を受ける人も自然とネガティブになってしまいます。そうなってしまうと、利用者は不平や不満を口にするようになってしまい、さらに介護者の感情はマイナスのほうへと向かってしまいます。このような悪循環に陥らないために、「利用者を幸せにすることで自分も幸せになる」と心にとめておくことが重要です。

3）ポジティブな言葉を使う

マイナスの感情を取り除くためには、ポジティブな感情で心を満たすように意識することが大切です。ポジティブな感情は、ポジティブな言葉から生まれてきます。ポジティブな言葉とは、感謝、喜び、信頼などをさしますが、こうした言葉は、プラスのエネルギーをもっています。人は、毎日感謝の言葉を受け取ると、自然と元気になっていくものです。それは、感謝の言葉には、プラスのエネルギーがあるからだと思います。そのプラスのエネルギーを心に満たして仕事をすると、人間関係がよくなり、仕事が楽しくなります。その結果、よい成果がもたらされます。無意識のうちにネガティブな気もちにならないよう、日頃からポジティブな言葉を使う

ようにしましょう。

　介護の仕事は、人が幸せになることを手伝うことです。人を幸せにするためには、自分自身がポジティブな感情で心を満たす必要があります。これは、福祉の仕事の中で一番難しいことかもしれませんが、一番大事なことです。

●参考文献一覧

- 『現場リーダーのための介護経営のしくみ　改訂版』馬場博監修，日本医療企画
- 『介護事業の基礎力を鍛える　コンプライアンス経営』瀬戸恒彦，日本医療企画
- 『介護福祉経営士テキスト【基礎編Ⅰ-2】介護福祉経営史 ── 介護保険サービス誕生の軌跡』増田 雅暢編著，日本医療企画
- 『介護福祉経営士テキスト【基礎編Ⅱ-3】介護福祉産業論 ── 市場競争と参入障壁』結城 康博／早坂 聡久編著，日本医療企画
- 『介護福祉経営士テキスト【基礎編Ⅱ-4】多様化する介護福祉サービス ── 利用者視点への立脚と介護保険外サービスの拡充者』島津 淳／福田 潤編著，日本医療企画
- 『介護福祉経営士テキスト【実践編Ⅱ-7】リーダーシップとメンバーシップ，モチベーション ── 成功する人材を輩出する現場づくりとその条件』宮野 茂編著，日本医療企画
- 「福祉サービス提供主体経営改革に関する提言委員会最終提言」　東京都福祉保健局

● **監修**

一般社団法人日本介護福祉経営人材教育協会

介護福祉事業の経営を担う人材の育成及びその資質の向上を図ることにより、わが国の介護福祉サービスの発展に寄与することを目的に設立。
介護福祉事業の経営に必要な知識とこれら事業の課題を解決する能力を有し、介護福祉現場においてその知識・能力を実践できる者に対し、「介護福祉経営士」等の資格を与える。
http://www.nkfk.jp/

● **編集**

馬場　博（ばば・ひろし）

一般社団法人 C.C.Net チーフアドバイザー
1970年生まれ。専修大学経営学部経営学科卒。2003年に有限会社コレクティブエーシーを設立。取締役社長。一般社団法人 C.C.Net の設立に参加。2012年8月より現職。
主な著書に、『現場リーダーのための介護経営のしくみ　改訂版』監修（日本医療企画）、『介護経営白書』共著（日本医療企画）他多数。

介護福祉経営士入門研修テキスト
はじめて学ぶ介護福祉のマネジメント

2015年8月17日　初版第1刷発行

監　修　一般社団法人日本介護福祉経営人材教育協会©
編　集　馬場　博
発行者　林　諄
発行所　株式会社　日本医療企画
　　　　〒101-0033　東京都千代田区神田岩本町4-14　神田平成ビル
　　　　TEL. 03-3256-2861（代）　http://www.jmp.co.jp
　　　　「介護福祉経営士」専用ページ　http://www.jmp.co.jp/kaigofukushikeiei/
印刷所　図書印刷株式会社

ISBN978-4-86439-386-7 C3034　定価は表紙に表示しています。
本書の全部または一部の複写・複製・転訳載の一切を禁じます。